コンテンツが拓く地域の可能性

大谷尚之・松本　淳・山村高淑　著

コンテンツ製作者・地域社会・
ファンの三方良しをかなえる
アニメ聖地巡礼

同文舘出版

まえがき

　ここ数年，日本では，アニメ聖地巡礼（アニメツーリズム）が一種のブームとなっている。新しいタイプの観光として広く知られるようになり，人口減少や産業空洞化に悩む地域からの期待が高まっている。2016年9月には，一般社団法人アニメツーリズム協会が発足し，インバウンド観光（海外から日本国内への観光）を意識した取り組みもスタートした。最近では，制作段階から，アニメコンテンツの製作者と作品の舞台（のモデル）となる地域が積極的に連携を図ることも珍しくない。

　このように追い風を受けているかのように見えるアニメツーリズムであるが，すべてがうまくいっているかといえば，そうとも言い切れない。アニメ制作会社の苦境については度々報じられるし，アニメツーリズムによる地域活性化の成功例が増えたという話もさほど聞かない。また，アニメファンは，お仕着せの「アニメ聖地」や「アニメ聖地巡礼」を好まないといわれる。現在のアニメツーリズムを取り巻く状況について，一度冷静に検討しておく必要があるのではないだろうか。

　アニメツーリズムにおいて不可欠なアクターは，ツーリズムの主体たるアニメファン，アニメコンテンツの製作者，作品の舞台となった地域の関係者である。実は，この三者の利害は必ずしも一致しない。たとえば，著作権の扱いをとってみても，コンテンツ製作者は厳格に管理したいと考えるのに対し，地域とファンは素材をできるだけ自由に利用したいと考える。また，時間やコストの掛け方という点でも，早期に資金を回収して次作に注力したいコンテンツ製作者と，地域・ファンとでは考え方が異なる。三者間で「三方良し」を実現することは思いのほか難しいのである。

　本書の目的は，アニメツーリズムを通じてコンテンツ製作者・地域社会・ファンの三者が「三方良し」を叶えるための「勘所」を考えることにある。執筆者の一人である山村は2011年に『アニメ・マンガで地域振興〜まちのファンを生むコンテンツツーリズム開発法〜』（東京法令出版，2018年にPARUBOOKSより電子書籍で再版）を刊行した。幸いなこと

にこの著作は好評をもって迎えられたが，刊行から7年が過ぎ，アニメツーリズムは，実態としても，研究上のテーマとしても著しい変化を遂げた。

本書では，山村が『アニメ・マンガで地域振興』において提示したフレームワークである「アニメツーリズムのためのトライアングルモデル」をベースに，新たな事例と問題意識を取り込みながらアニメツーリズムについて考察する。具体的には，3つの視点（コンテンツビジネス，観光政策・観光研究，地域ブランド形成）からの論点整理（第Ⅰ部），アニメツーリズムの代表的な事例（鷲宮と『らき☆すた』，秩父と『あの花』，大洗と『ガルパン』）の分析（第Ⅱ部），3名の執筆者による討議（第Ⅲ部）を通じて，アニメツーリズムで「三方良し」を実現するための手がかりを提示したいと考えている。関係者へのインタビュー（第Ⅱ部）と執筆者によるディスカッション（第Ⅲ部）を基礎に据えていることが本書の特徴である。

アニメコンテンツ（アニメツーリズム）に期待を寄せる地域が増えていることは誠に喜ばしいことである。しかし，それを地域おこしの奇抜なツールとして消費してはならない。アニメコンテンツを核として，地域住民とファンとコンテンツ製作者が新たな関係を構築し，地域が変わる。アニメコンテンツだからこそ引き出すことができる地域の可能性があるはずだ。本書のタイトルにはそんな思いを込めた。

本書を執筆するにあたり，たいへん多くの方々からご支援とご指導をいただいた。とりわけ，鷲宮，秩父，大洗の関係者各位と作品のプロデューサー各位には，インタビューや資料・画像提供，内容確認等で多大なるお力添えを賜った。巻末のインタビューリストに記載できなかった方を含め，お世話になったすべての方に心より御礼を申し上げる。

最後になったが，同文舘出版株式会社，並びに同社編集局長の市川良之氏と編集担当の大関温子氏には貴重な出版の機会を与えていただいた。お二人のご理解とご助言がなければ本書は生まれなかった。この場を借りて感謝を申し上げる。

2018年6月

執筆者一同

本書の構成

【第Ⅰ部 理論編】

　第Ⅰ部では，3名の執筆者が，コンテンツビジネス，観光政策・観光研究，地域ブランド形成の視座から論点整理を行う。第1章（松本）では，コンテンツビジネスの特性に着目して，アニメツーリズムの課題について論じる。第2章（山村）では，観光政策の流れを整理した上で，アニメツーリズムの主要アクターとしてのコンテンツ製作者，地域社会，ファンについて論じる。また，コンテンツツーリズム研究の動向についても触れる。第3章（大谷）では，地域ブランドづくりの観点から，アニメツーリズムにおけるファンと地域社会の関係性について論じる。

　3人の視座はそれぞれ異なるものの，本書全体を貫くフレームワークとして，執筆者の1人である山村高淑による「アニメツーリズムのためのトライアングルモデル」を意識している。これは，アニメコンテンツの製作者（製作委員会，アニメーション制作会社，原作者などが含まれる），ファン，作品の舞台としてファンを受け入れる地域社会，この三者の関係性に着目してアニメツーリズムを捉えるモデルである（図表0-1）。山村は，三者がコンテンツに対する「敬愛」を核として良好な関係を築くことが，アニメツーリズムを展開する上で重要だと指摘している（山村［2011］：pp.62-68）。

【第Ⅱ部 事例編】

　第Ⅱ部では，アニメ作品の舞台のモデルとして，持続的な取り組みを行っている3つの地域の事例を概観する。取り上げるのは，『らき☆すた』の舞台のモデルとなった埼玉県久喜市鷲宮（第4章），『あの花』の舞台のモデルとなった埼玉県秩父市（第5章），『ガルパン』の舞台のモデルとなった茨城県大洗町（第6章）である。これまでも各種の記事等で紹介されてきた3つの事例であるが，コンテンツ製作者，地域社会，

図表0-1　アニメツーリズムのためのトライアングルモデル

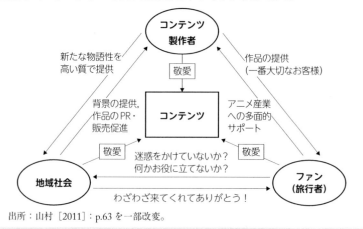

出所：山村［2011］：p.63を一部改変。

ファンの三者の動向に着目して改めて振り返る。各事例の概要は**図表0-2**に示した通りである。

　いずれも東京近郊の中小都市で，観光スポットを抱えている点が共通する。秩父と大洗は関東地方ではよく知られた観光地であり，鷲宮も鷲宮神社の門前町として古くから参詣客を受け入れてきた土地である。柿崎俊道は，「どのような街が（アニメ）聖地巡礼で盛り上がるのか」という問いに対して，「かつての活気を取り戻したい観光地」と答えている。すなわち，「食事処や宿泊所が聖地周辺に揃っているが，観光客の数が減少し，地元の若手が活躍する機会が失われつつあり，高齢化が進む観光地。しかも，意欲が十分にある人たちが揃っているところこそが，聖地巡礼で盛り上がるに十分な場所」だという（柿崎［2013］：p.128）。アニメツーリズムを考える上で，旅行者を受け入れる姿勢（マインド）とインフラの有無は大きな要素だといえる。

　3つの事例について，先駆的存在の鷲宮，連携のあり方に関して画期となった秩父，現時点で最も大きな成果を挙げている大洗と位置づけ，強調すべきポイントを各事例2点に絞った（**図表0-2**）。計6点のポイントはすべての事例が何らかの形で備えている要素であるが，時期の違い

図表0-2　第Ⅱ部の事例の概要

	埼玉県鷲宮(久喜市鷲宮)	埼玉県秩父市	茨城県大洗町
人口（平成27年国勢調査）	約3.8万人（旧鷲宮町）	約6.4万人	約1.7万人
作品	らき☆すた	あの日見た花の名前を僕達はまだ知らない。（あの花）	ガールズ＆パンツァー（ガルパン）
原作	美水かがみ作『らき☆すた』（4コマ漫画）	オリジナル作品	オリジナル作品
テレビ放送時期	2007年4～9月（全24話）	2011年4～6月（全11話）	2012年10～12月，2013年3月（全12話＋総集編2話）
テレビアニメの製作者（①製作委員会と②アニメーション制作会社）	①らっきー☆ぱらだいす（角川書店，京都アニメーション，クロックワークスなど）②京都アニメーション	①「あの花」製作委員会（アニプレックス，フジテレビジョン，電通）② A-1 Pictures	① GIRLS und PANZER Projekt（バンダイビジュアル，ランティス，博報堂DYメディアパートナーズ，ショウゲートなど）②アクタス
地域とコンテンツ製作者の最初のコンタクト	2007年9月（放送開始後），商工会事務局から製作者へグッズ製作に関する相談。	2010年11月（制作中），製作者から鉄道会社を通じて市役所へ制作に関する相談。	2011年8～9月（制作前），製作者から町内有力者を通じて地元関係者へ制作協力を要請。
地域の中心組織	久喜市商工会鷲宮支所の経営指導員（スタート時2名，現在1名）→10数名の自主グループ発足	秩父アニメツーリズム実行委員会（秩父市，西武鉄道，秩父鉄道，秩父商工会議所など11団体）	「コソコソ作戦本部」（地元関係者，製作会社担当者など10数名の自主グループ）
ポイント（論点）	●迅速かつ柔軟な対応力 ●ファンとのコミュニケーション	●配慮ある関係づくり ●作品と現実世界の融合	●権限と楽しさの両立 ●地域住民のホスピタリティ

出所：「政府統計の総合窓口（e-Stat）」（http://www.e-stat.go.jp/），各種資料，聞き取り調査などを基に筆者作成。

を踏まえて各章の記述に振り分けた。

　なお，第Ⅱ部の記述はその多くを，製作会社や地域の関係者へのインタビューに拠っている。注釈が煩雑になることを避けるため，本文中では巻末のインタビューリスト（p.156）に示した略称（鷲宮①など）を用

いた。その一方で，ファンの声については拾っていない。代表性を見究めることが難しいためである。本書で取り上げているのは，基本的にはコンテンツ製作者や地域社会からみたファンの姿だと考えていただきたい。おそらく，住民に迷惑をかけるようなファンも皆無というわけではなく，その意味では本書のファン像がいささか理想的に過ぎるとの批判を受けるかもしれない。しかし，今後の期待も込めて筆者（大谷）なりのストーリーでまとめた。もしも記述内容に誤りがあれば，すべて筆者（大谷）の責任である。なお，記述内容については，概ね2018年2月頃までのものと考えていただきたい。

【第Ⅲ部 討議編】

　第Ⅲ部では，第Ⅰ部，第Ⅱ部の内容を踏まえて3名の執筆者による討議を行う。第7章は座談会，終章は本書全体のまとめである。終章では，「アニメツーリズムのためのトライアングルモデル」を意識しながら，コンテンツ製作者，地域社会，ファンの3者の間で「三方良し」を実現するための7つのポイントを提示した。

【本文中の用語】

❶「製作」と「制作」

　一般的にコンテンツ業界では，作品の企画，資金調達，制作，広報，興行，販売（資金回収）などを含む全般的な活動を「製作」と呼び，そのうちコンテンツを実際に作成する作業（作画，撮影，録音，編集等が含まれる）に限定して「制作」という用語を用いている。この二つは俗に，「衣ありのセイサク」と「衣なしのセイサク」として区別される。本書の場合も基本的にはこの定義に則って「製作」と「制作」を使い分ける。

　本書では，コンテンツを作る主体という意味で「コンテンツ製作者」ないしは「製作者」という表現を多用している。この場合も，上記の区

別に従い，アニメーター，監督，声優などの「制作者」と，パッケージメーカーのプロデューサーや権利元の担当者などの「製作担当者」を含むものとする。

❷ コンテンツ

デジタルコンテンツ白書では，「コンテンツ」を，「様々なメディアで流通され，動画・静止画・音声・文字・プログラムなどによって構成される"情報の中身"。映画，アニメ，音楽，ゲーム，書籍，など」と例示的に定義している。この定義は具体的だが，本質的な性格がやや見えにくい。その点では，「映画，アニメ，ゲーム，マンガ，音楽などの『情報』であり，しかもそれ自身が人々の欲求の対象になるようなもの，すなわち『最終消費財』として『価値ある情報』」（長谷川文雄・水鳥川和夫編著［2005］：p.2）という定義がよりわかりやすい。観る，読む，聴く，買うなどの「行為の対象」という側面が重要に思われる。

❸ アニメーションとアニメ

「アニメーション」とは，絵や人形などの動かない素材を少しずつ動かしながらコマ撮りして作成された動画を指す。その中でも，とくに日本製の商業アニメーションを指して「アニメ」と呼ぶ（津堅［2011］：pp.4-5）。近年，こうした分類が必ずしも有効でなくなりつつあることは津堅［2011］においても指摘されているが，本書で取り上げる作品はほぼすべて「アニメ」の範疇に入ると考えて良い。

【本文中の敬称】

本書では，原則として調査協力者と製作関係者には敬称（氏）を付し，文献の著者名については敬称を省略した。

（大谷尚之）

目　次

まえがき　i
本書の構成　iii

第 I 部　理論編

第1章　コンテンツビジネスの視点 — 2

1　アニメのビジネススキームから生まれる盲点 …… 2
(1) 製作委員会方式と地域　2
(2) 需要の高まりとウィンドウ展開の時間差　5

2　コンテンツと地域が結びつくことによるメリット …… 9
(1) 存在感を増すネット配信　9
(2) 地域ではリアルとバーチャルが交差する　11

3　地域がアピールしたい魅力とのギャップ …… 13
(1) 難しいコンテクストの共有　13
(2) 「地域魅力創造サイクル」を回すには？　16

4　効果はどこにあるのか？——ブランド価値こそがその本質 …… 18
(1) コンテンツ展開の直接的経済効果　18
(2) ブランド形成とグッドウィルモデル　21

第2章　観光政策・観光研究の視点 — 25

1　ポップカルチャーと観光政策が結びつくまで …… 25
(1) ポップカルチャーに対する国の見方を変えた2つの出来事　25
(2) 国による「コンテンツツーリズム」の定義　26

(3) 国による「ポップカルチャー」の定義　29

2　2つの国策：「観光立国」と「クールジャパン」…… 30
(1) クールジャパン政策のゴールとしての訪日旅行誘致　30
(2) インバウンド誘致先としての「聖地」　31
(3) クールジャパン政策と観光立国政策との連動　32

3　コンテンツツーリズムのアクターを考える…… 32
(1)「地域社会」　32
(2)「ファン」　34
(3)「コンテンツ製作者」　35
(4) アニメツーリズムのためのトライアングルモデル　36

4　アニメツーリズム研究…… 38
(1) アニメツーリズム研究の潮流　38
(2) 日本国内におけるアニメツーリズム研究　39
(3) 国際的なアニメツーリズム研究　40
(4) コンテンツツーリズムの定義　43
(5) 今後の課題　44

第3章　地域ブランド形成の視点　45

1　コンテンツツーリズムと地域振興…… 45

2　アニメコンテンツと地域ブランド…… 46
(1) 2つの地域ブランド　46
(2) 地域ブランドとしての鷲宮　49
(3)「経験価値」を手がかりとして　51

3　アニメコンテンツと地域イメージ…… 54
(1)『ラグりん』と鴨川の事例　54
(2) アニメコンテンツと地域イメージの相互作用　56

4　アニメコンテンツを活用した地域ブランディングにおける課題…… 58
(1) アニメコンテンツは地域産品か　58
(2) ブランディングマネジメントの難しさ　59

5 物語と共創による地域ブランディング …… 60

第Ⅱ部　事 例 編

第4章　埼玉県鷲宮と『らき☆すた』 ──────── 65

1 概要と現状 …… 65

（1）概　要　65
（2）初期の動向　66
（3）その後の展開　73

2 コンテンツ製作者・ファン・地域社会の関係構築 …… 77

（1）コンテンツ製作者との関係　77
（2）ファンとの関係　78
（3）地域社会との関係　79

3 成功のポイント …… 81

第5章　埼玉県秩父市と『あの花』 ──────── 84

1 概要と現状 …… 84

（1）概　要　84
（2）初期の動向　87

2 コンテンツ製作者・ファン・地域社会の関係構築 …… 89

（1）コンテンツ製作者との関係　89
（2）地域社会との関係　91
（3）ファンとの関係　93

3 成功のポイント …… 98

第6章　茨城県大洗町と『ガールズ & パンツァー』── 100

1　概要と現状 …… 100
(1) 概　要　100
(2) 初期の動向　102

2　コンテンツ製作者・ファン・地域社会の関係構築 …… 106
(1) コンテンツ製作者との関係　106
(2) ファンとの関係　107
(3) 地域社会との関係　109

3　成功のポイント …… 116

第III部　討 議 編

第7章　座談会──大谷尚之・松本淳・山村高淑 ── 120

「アニメ聖地88」への期待　120
現実の風景がなぜ使われるのか　123
「巡礼者」は何を求めているのか　127
地域側の組織づくり　131
鴨川は「失敗」したのか　133
コンテンツツーリズムをどう評価するか　134
地域産業との連携　136
求められるプロデューサー的人材　138
コンテンツと地域の幸せな関係とは　141

終章　アニメコンテンツと地域を考えるための7つの論点 ── 146

参考文献　151
インタビューリスト　156
索　引　157

第 I 部 理論編

図表扉-1 『ガルパン』コラボ商品
©GIRLS und PANZER Film Projekt
出所：筆者撮影。

劇場版アニメ『ガールズ＆パンツァー最終章』とのコラボ商品としてローソンが発売した「大洗水揚げしらすのおにぎりセット」（税込420円）。「聖地」の特産品とガルパン主人公の「西住みほ」，さらにはゆるキャラ「アライッペ」があしらわれている（第1章参照）。（松本）

コンテンツビジネスの視点

1 アニメのビジネススキームから生まれる盲点

(1) 製作委員会方式と地域

　アニメコンテンツと地域，そしてファンの関係を考える際，当事者としてアニメコンテンツを生業とする事業者（製作者）の存在は重要だ。コンテンツの著作権を生み出し，保有し，活用を図る彼らは，その利用を巡る許諾や，ロイヤリティの設定といったコンテンツの利活用の鍵を握る存在だからだ。

　製作者が許諾をしなければ，そもそも公式・公認の展開が行えず，いくら地域やファンがコンテンツを盛り上げようとしても，版権も使えなければ，グッズの販売も行えず，その展開は限定的なものとなってしまうからだ。

　しかし，これまでのコンテンツと地域を巡る関係性，たとえばコンテンツツーリズムを巡る研究では，彼らがどのようにそこにかかわり，その振る舞いにはどのような動機があるのかが学術的に検証・考察される機会は少なかったのではないだろうか。その理由としては2つの要因が挙げられる。

　1つには，多くのアニメコンテンツが製作委員会方式で製作されているという点。アニメビジネスにかかわる複数の事業者が，民法上の任意組合である製作委員会に「出資」し，制作された作品の著作権を，それぞれの事業領域で利活用して出資金の回収と収益化を図っている（これを「窓口権を行使する」という）。

後の鷲宮の『らきすた』の事例で述べられるように，アニメの舞台に選ばれた地域が，アニメを展開する事業者にコンタクトをとろうとしても，複数社のどこに打診するのが良いのか，あるいは本書のように研究者がヒアリングをどこに行えば良いのか，外部からは非常にわかりにくくなっている。

アニメ制作には1クール（3ヶ月）のテレビシリーズであれば2億円前後（約1,500万円×12〜13話）の制作費が必要となる。劇場アニメともなるとその額は5億円以上にも達する。コンテンツビジネスは当たり外れが大きい高リスク事業だ。アニメ制作各社の資本規模からみても，一社で参入できるものではなくなっている。そこで編み出されたのが，製作委員会方式となる。

ビデオメーカー，音楽出版社，玩具メーカー，ゲームメーカーなど製作委員会に参加する企業の顔ぶれはさまざまだ。資金的な余力のついたアニメ制作会社が，受託制作にとどまらず，製作委員会に出資することもある。

その作品をどのようにプロモーションし，どんなビジネス展開を行うか，多様なステークホルダーによって構成される製作委員会では，その方針は容易に定まらないことも多い。配信と放送など，利害が相反することが多いからだ。その決定は委員会各社の合議によって行われるが，委員会の意思決定をとりまとめるのは，幹事会社となる（**図表1-1**）。

2000年代のいわゆる「DVDバブル」の時期は，ビデオメーカーがその資金の大半を出資し，製作委員会の幹事会社となって事業を主導していたこともあった。しかし，現在では，DVD・Blu-rayのようなパッケージビジネスが売上に占める割合は必ずしも多くない。出資がなかなか決まらない中，製作委員会に比較的少額で参加する企業も増え，その調整は以前よりも難しくなっている面も指摘される。

たとえば，2017年に大ヒットとなった『けものフレンズ』は，ビデオグラムを従来のDVD・Blu-rayといったパッケージではなく，Blu-rayを同梱した「書籍」として書店を中心に流通を行っている。また，各地の動物園では『けものフレンズ』に登場する動物キャラクターを用いた

図表 1-1　製作委員会の役割分担及び収益の流れ

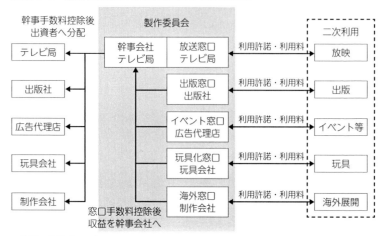

出所：奈藏［2012］。

コラボ展開が行われたが，そのほとんどが，漫画家 吉崎観音氏の原作の版権を用いた展開であり，出版社である KADOKAWA を介しての許諾や監修，素材の提供が行われている。アニメの版権を用いるのであれば，アニメの製作委員会「けものフレンズプロジェクト」の幹事会社である Age Global Networks を介しての調整となるが，実際のところ地域のたとえば動物園とのコラボ展開でアニメの版権を用いた例はみつからない。

製作委員会は民法上の任意組織であり，会社法人のような登記の義務もない。製作委員会の構成がどうなっているのか，また各社がそれぞれの作品で多様な窓口権をもつ中，誰がどのような決定権をもち，判断を下したのか，その経緯をうかがい知ることは外部からは難しい。

このように一言にアニメといっても，製作委員会を構成する事業者の顔ぶれは多種多様であり，地域でのコンテンツ展開——その内容も，イベント上映・商品販売・アプリゲーム・声優やスタッフ稼働など多岐にわたる——と向き合う会社や担当者はそれぞれ異なる。

各社・各担当者によって，コンテンツの展開を巡る動機や目的もさまざまで，そもそも「誰がどういった理由でこの展開を主導したのか」と

いった経緯や，収益や動員数といった定量調査のソースを探しあて，研究を進めることが困難になってしまっている。そのため，アニメにおける「地域とコンテンツ」の展開にかかわる重要な当事者であるはずの，コンテンツ事業者の集合体＝製作委員会の関与を巡る研究は手薄になっているという状況がある。

(2) 需要の高まりとウィンドウ展開の時間差

もう1つの要因は，コンテンツ事業者側と地域側でどうしても生まれてしまう「時間差」にある。映画やアニメなどの映像コンテンツは，「ウィンドウ・ウィングモデル」（図表1-2）と呼ばれる，複数の映像メディアを段階的・多面的に展開する手法がとられることが多い。アニメの場合は，フリー視聴メディアであるテレビ放送が「ファーストウィン

図表1-2　TVアニメにおけるウィンドウ・ウィングモデルの一例

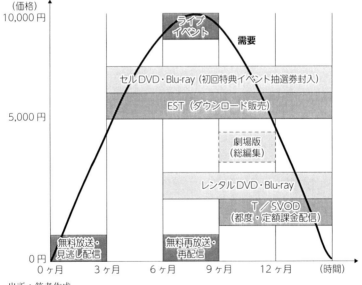

出所：筆者作成。

ドウ」となり，そこからインターネットでの無料の動画配信が各話の毎週の放送開始，もしくは終了と同時に実施され，その後，ケーブルテレビやインターネットでの有料オンデマンド視聴を展開しつつ，DVD・Blu-rayのような映像パッケージの販売が段階的に行われる。映像から展開されるグッズ販売や，近年その売上規模が急拡大している演劇・ライブなどの取り組みも，ファーストウィンドウを起点として，徐々に拡大が図られることになる。TVアニメは，現在におけるスマートフォンでのアプリゲームのように「フリーミアムモデル」を，『鉄腕アトム』が放送された1960年代から志向していた。

ところでこのアニメにおける「ウィンドウ・ウィング」モデルにあてはめて確認を行うと，地域でアニメコンテンツに対する盛り上がりが始まる頃，製作者側（製作委員会側）は，すでに次の作品に向って動き始めていたり，あるいはそもそもビジネスとしては収束の段階に入っていることが多いというギャップがあることに気づかされる。

アニメ製作は企画から放送まで最低2年程度は必要となる。その2年の間に地域側と調整を行い，放送期間（1クールであれば3ヶ月間，2クールであれば6ヶ月間，分割2クールの場合は，放送されていない期間を挟みそれよりも長い期間にはなる）の間に，地域と連携するような取り組みを生み出すのは困難がともなう。

製作者としては，多数の競合作品が放送される中，まずは映像を作り，宣伝広報に漏れがないようにすることに相当な人的・資金的リソースを払う。物語のあらすじや，キャスティング，キャラクター版権，1クールなのか2クールなのかといった放送期間でさえも，「情報解禁」として定めたタイミングまでは，他所に出せないことも多い。作品と親和性の高い舞台・聖地とはいえ遠隔地での情報の取り扱いに必ずしも長けていない地域側に対して，製作者側が放送前から積極的に綿密な連携をもちかけることは実際問題として難易度が高い（この問題に向き合った先例として本書で後ほど詳しく扱う『ガールズ＆パンツァー』や，この分野で事例として取り上げられることの多い『輪廻のラグランジェ』が挙げられる）。

幸いにも作品の人気が高まり，その舞台を訪れるファンが増え始めるのは，放送開始後1ヶ月ほど経ってからとなることが多い。つまり，約3週間をかけて，第3話前後までの話数が放送され，作品の世界観やキャラクター・物語の魅力が浸透して以降ということになる。それから地域あるいは製作者側からコンタクトが生じる場合，そこからようやく連携して何らかの取り組みへの準備が進み，企画や実施計画・版権素材の提供・ファンの受入れ体制の整備などが検討されることになる。その期間を最低1～2ヶ月を要すると考えると，本格的な地域での展開が始まるのは，放送終了間近，もしくは放送終了後となってしまうのだ。もちろん，『ガールズ＆パンツァー』のように，放送前からプロデューサー自ら足繁く舞台を訪れ，地域と連携して放送とタイミングを合わせた施策を展開できる例も生まれているが，時間軸のずれを埋めるには，双方にかなりの労力が求められることとなる。

　このような時間軸のずれは，「地域とコンテンツ」の関係に注目が集まる以前からも，たとえば商品化（グッズ展開）でも生じていた。在庫を抱えるリスクをできるだけ小さくしたいグッズメーカーは，テレビ放送での作品の人気度合いをみながら，製作委員会の商品化権をもつ窓口会社への商品化の打診を行う。もちろんメーカー自らが商品化窓口を担当することも多く，その場合は作品の制作状況やクオリティなどを知るインサイダーとして，より早い段階での意思決定は可能とはなるが，いずれにしても放送開始と同時に大々的な展開を行う事は通常は難しい。

　一方で，いわゆる「日アサ[1]」と呼ばれるような子ども向けの4クール作品では，作品に参画する広告代理店を介して，事前に定性・定量調査が行われ，それに基づいたグッズ商品の企画ありきで映像が制作されることも多く，この場合は放送開始と同時に基本的なグッズは出揃っていることになる。また，近年では『Fate/Grand Order』のようにアニメと連動したスマホ向けオンラインゲームの収益性の高さに注目が集まっており，アニメ放送と同時，もしくは放送以前からゲームが展開されてい

1　日曜日の早朝～午前中に放送される幼児・児童向けアニメ放送枠。深夜帯のアニメと異なり，提供スポンサーがつき，ビデオグラムよりも玩具での投資回収が図られ製作者の顔ぶれも異なる。

ることも珍しくなくなってきた。投資に対する回収の比率・確率が高ければ、当然ながら放送とタイミングを合わせ、その収益を拡大することに対して、コンテンツ事業者は最大限の努力を払うことになる。

　ところが、後述の事例でもたびたび指摘されることになるが、地域でのコンテンツ展開は直接の収益には結びつきにくいというのが現状だ。地域へのファンの「巡礼」といった動員・集客は、コンテンツに対するロイヤルティ（忠誠度）の高さを示し、メディアでの紹介といった間接的な波及効果を生み出すが、現地でのグッズ・チケットの販売そのものは全体の中での割合としては必ずしも高いものではない。結果として、放送とタイミングを合わせた展開に対するコンテンツ事業者側のモチベーション・優先度合いは相対的に低いものとなってしまうのだ。

　もちろん、上記図のようにビデオパッケージの展開は放送終了後も続くわけであるので、コンテンツのライフサイクル自体が放送終了と同時に収束するわけではない。また配信によって見逃した視聴者が作品のムーブメントに追いついてくる可能性も近年は広がってはいる。とはいえ、放送が終われば、それまでは頻繁に行われていた製作委員会の会議・コミュニケーションの頻度も下がり、各社の担当者は次の作品へと軸足を移していくのが通例だ。ウィンドウの中心であるテレビというマスメディアでの展開がほぼ収束してからの地域での盛り上がりが始まる、というのは結果としてミスマッチや機会損失を生んでいる面は否定できない。

　このように製作委員会方式というスキームが生み出す複雑さに加え、映像コンテンツのウィンドウ・ウィングモデルに基づくメディア展開と地域でのコンテンツ展開との時間軸の不一致という課題が、実際のプロジェクト展開や客観的な研究を難しくしてしまっているが、本書では当事者へのインタビューも交えながら、できる限りその実態を紹介し、理論化を試みていく。

2　コンテンツと地域が結びつくことによるメリット

(1)　存在感を増すネット配信

　ここまで，アニメのビジネスモデルと地域におけるコンテンツ展開が必ずしも合致していない部分があることを述べてきた。一方で，コンテンツが地域で展開されることは，これまでにはない効果を生んでいることも事実だ。

　アニメのウィンドウ・ウィングモデルは，ネット配信によってここ10年あまり大きな変化に晒されてきた。2006年頃からのYouTube，そこに字幕を重ねる形で登場したニコニコ動画は，アニメの違法投稿を誘発し，その後両サービスが無許諾配信への対応を強化したのちも，海外も含め有象無象のいわゆる海賊版動画配信サイトは現在もアニメの映像配信ウィンドウに影を落している。

　一方で，2014年～15年に相次いだ定額動画配信サービス（SVOD）は，正規の（収益が得られる）配信のあり方を大きく変化させることになった。日本テレビによって事業承継されたHulu，世界5億ユーザーを擁するNetflix，会員向けの特典として成長を続けるAmazonビデオなど，外資，あるいは外資を由来とする事業者が，会員獲得のため巨額の予算をかけて作品の調達，オリジナル作品の制作を行っている。

　配信に対してはこれまで，海賊版の存在によるイメージの悪さや，たとえ正規版を配信してもその収益がわずかであったことから，コンテンツ事業者が特別熱心に取り組んできたとはいえない。しかし，ここ数年で定額制が急速にユーザーの間に広がりをみせ，外資系事業者がその会員数の多さとさらなる会員獲得への意欲を背景に，コンテンツ調達に高額な予算を提示していることによってその様相は一変した。

　最大手のNetflixはアニメ1作品の制作に必要とされる1億5千万～2億円の大部分を，一定期間独占配信を条件に配信料として支払うともされ，配信は「儲からない存在」から一気に「投資回収が図れるウィン

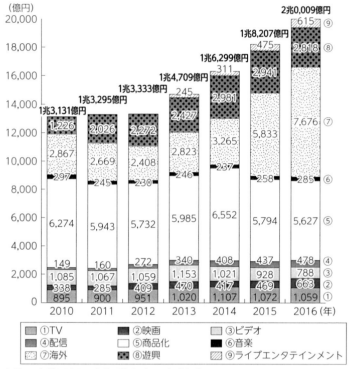

図表1-3 コンテンツ市場の推移

出所：一般社団法人日本動画協会［2017］資料①より引用。

ドウの優等生」へと変貌を遂げつつある。

　配信という視聴手段がこのように存在感を急速に高める一方で，違法なものも含めた無料配信・定額配信のいずれも，追加の経済的負担やデバイスや場所の制約なく映像を楽しめることがユーザーに支持を拡げている。クラウド上に作品が常に遍在しているかのような状況が生まれたことで，かつての「テレビ番組表」といった編成や，上映館といった劇場チェーンにコンテンツ視聴手段は縛られることがなくなった。その結果，映像そのものに対してユーザーが感じ取る「希少性」は低下したといえる。

この変化は，アニメ，映像のみならず，書籍・雑誌・音楽・ゲームなどあらゆるコンテンツ分野で進んでいる（**図表1-3**）。その変化の中で，相対的にその地位を上げているのが希少性の高い「体験」である。聴き放題サービスがアニメよりも早く浸透しつつある音楽では，CDの売上は減少する一方，ライブの集客は引き続き好調であり，チケット価格も高止まりしている。アニメにおいてもこれまでアニメビジネスの中核を占めてきたビデオグラムの売上は低下を続ける一方，ライブエンタテインメントの売上がそれに次ぐ規模に成長しつつある。

(2) 地域ではリアルとバーチャルが交差する

筆者は『デジタルコンテンツ白書2014』で，**図表1-4**のようなコンテンツの分類を提示している（まつもと［2014］：p.18）。地域におけるコンテンツ展開は，ユーザーにとっては「体験」であることは間違いないが，それがここまでみてきたようなコンテンツビジネスの転換とどのようにリンクしているのかを詳しくみていきたい。

この分類では，縦軸にバーチャルかリアルか，を置いている。物理的なコンテンツとしてメディアに存在しているか，デジタルなコンテンツとして仮想的に存在しているのか，という軸となる。横軸にはコンテンツの集積が図られコモディティ化し希少性が低くなるものか，あるいは，体験を通じたユーザーによるコミットメントが生まれ希少性が高いものか，という軸を置いている。

では，地域におけるコンテンツ展開はこの分類ではどこに位置するものだろうか？　体験側にあるコンテンツであることは間違いないが，ユーザーがそこで楽しんでいるコンテンツはリアル・バーチャルの両方に跨がるものではないかと筆者は考えている。

聖地と呼ばれる場所に赴き，たとえば現地の神社を参拝したり人々と交流を図るとき，そこにあるリアルなコンテンツを楽しみながらも，その背景にあるアニメ作品というバーチャルなコンテンツも改めて味わっているからだ。これはアニメの世界観がリアルな空間に再現されるライ

図表 1-4 コンテンツの4分類

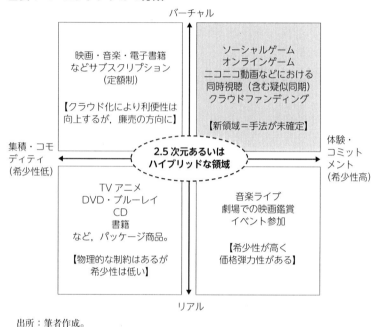

出所：筆者作成。

ブやミュージカルにも通じるものがあるだろう。

そして，コンテンツの領域はリアル・バーチャルな領域に跨がりつつもその本質（出所）はバーチャルなアニメの世界観にある。アニメの世界観というバーチャルなコンテンツを，「聖地」というリアルな場で体験をともないながらユーザーは楽しんでおり，上記の図で整理した「バーチャル×体験・コミットメント」の領域に限りなく近いものだ。オンラインゲームやクラウドファンディングなどと同様，この領域でどう収益化を図り，ビジネスを成立させるかといった手法は未確立であるといえる。

しかし定額制（サブスクリプション）モデルの登場と普及は，物理的なパッケージからのシフトをともないながら，コンテンツそのもののコモディティ化を促す効果をもたらしている。その結果，体験を通じて

ユーザーはコミットメントを高め，その領域の希少性が相対的に高まっている。

つまり，コンテンツビジネスの視点からみれば，地域でのコンテンツ展開はそのコモディティ化に抗いうる「価値」を生み出す可能性をもった領域であるといえるだろう。後述するように，商品化にともなうロイヤリティ収入のような直接的・金銭的な価値は必ずしも多くはないのだが，前節で述べたウィンドウ展開とのずれ，つまりTVや見逃し配信といったメインストリームのウィンドウからはどうしても遅れて展開されることが，逆に，コンテンツのライフサイクルを長くする効果も生んでいる可能性もある。この点についてはこの次の節で詳しく述べたい。

3 地域がアピールしたい魅力とのギャップ

(1) 難しいコンテクストの共有

地域とコンテンツビジネスとのギャップは，ウィンドウ展開のタイミングのずれにとどまらない。何を魅力としてアピールするかというコンテクストの創出や解釈についてもギャップが生じる。

そもそもその地域を舞台とするコンテンツが生まれる以前は，当然，そのコンテンツによって生まれた地域の魅力はそこには存在しない。またコンテンツの登場によって生じるコンテクストを，コンテンツ事業者・現地を訪れるファン・地域で完全に一致させることは難しい。

象徴的な例として，2015年に岐阜県美濃加茂市を舞台としたアニメ『のうりん』のポスターが問題となった件が挙げられる。作品に登場するキャラクターを用いたスタンプラリーの告知ポスターであったが，「女性の胸が過剰に強調されている」という批判を受けたのだ（**図表1-5**）。

ポスターに登場するのは作中では，酪農に打ち込む純粋無垢な高校生として描かれているキャラクターで，胸が強調されていることも性的な

意味合いよりも，コミカルな「ネタ」として扱われている。しかし，ポスターとして街中に掲示されたことで，そのコンテクストを共有してい

図表 1-5　批判を浴びたイベントポスター

出所：「美濃加茂市，萌えキャラのポスターをセクハラ批判で撤去　ネットの反応は？」
（http://huffingtonpost.jp/2015/11/30/minokamo-nourin_n_8685222.html, 2018年1月22日閲覧）。

ない人々からの批判を浴びることとなった。

『のうりん』の原作者 白鳥士郎氏は岐阜県出身で，アニメ化後も美濃加茂市を訪れ，地元観光協会ともイベント等を通じて交流を深めているという。それもあり，ポスターを掲出した観光協会も，このコンテクストを共有していた。逆にいえば，それゆえにポスター掲出によって別の解釈が生じる懸念に事前に思い至ることが難しかった可能性がある。アニメ作品のファンの一部は，ネット上で作品のコンテクストを紹介するなどして，この取り組みの擁護を図るも，観光協会は公式ホームページに謝罪文を掲載し，別キャラクターを用いたポスターに変更するに至っている（スタンプラリー自体は継続）。

地域とファンがコンテクストを共有できるというポジティブな状況でも，その関係の外側にはやはりギャップがあり，コンテンツの展開にはリスクをともなう。一方で，「地域とファンがコンテクストを共有できなかった」例としてよく挙げられるのは，オリジナルアニメーション「輪廻のラグランジェ」の舞台となった千葉県鴨川市だ。

先に断っておくと，筆者はラグランジェにおいて「地域とファンがコンテクストを共有できなかった」とは考えてない。現在も，鴨川市では地域主導でファンミーティングなどのイベントが定期的に開催されたり，原画の保管に乗り出すなど，濃いコミュニティが形成されているのだ。しかし，NHKクローズアップ現代で，「地域とコンテンツ事業者によってファンの楽しみ方を先回りするような取り組みが行われ，それが敬遠された」と紹介されたことによって，一種の風評被害を受けた例として配信されてしまった。

たとえば，作中の舞台にあらかじめキャラクターのスタンドポップを立てて置いたことが，「ファンへのイマジネーションの押しつけやその妨げになる」としてコンテクストの非共有の例として挙げられることがあるが，後のガルパンでも作中の場面の再現を目指したものではないスタンドポップの掲出が効果的に行われており，そのことをもってコンテクストの共有の失敗の例とするのは無理がある。一方で鴨川では，そのような濃いファンコミュニティがあることが，さらなる動員・集客には結

びついていないのも事実だ。

　そして，コンテンツのライフサイクルという観点からは，地域には「出口戦略」が必然的に求められる。どのような人気コンテンツであれ，いずれ人気は下火となり，他の作品にその地位を譲ることになる。もちろん，名作という評価となれば長く「巡礼者」が訪れることになるが，その規模はブーム時とは比較にならないほど小さいものになるだろう。

(2)　「地域魅力創造サイクル」を回すには？

　そうなる前に，コンテンツの魅力をいかに地域の魅力へと転換するかが課題となる。ここで紹介したいのが，河井孝仁が提唱する「地域魅力創造サイクル」だ（図表1-6）。

　発見（異化）→確認→編集→正統化の4段階からなるこのサイクルは，これまで魅力と認識されてこなかったコンテンツを，市民による承認を経て正統化するというものだ。新しい魅力の発見は，このあと紹介する鷲宮の事例のように，「巡礼者」によって地元に紹介されることも珍しく

図表1-6　地域魅力創造サイクル

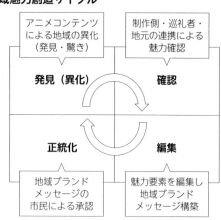

出所：河井［2013］p.27。

ないが，その後の確認や「『らき☆すた』の町・鷲宮」といったブランドメッセージの編集は，地域やコンテンツ事業者も関与することで，コンテクストを共有し，より適切なものに整えていくことができる。

このように，コンテンツ事業者やファンもこのサイクルに良い意味で「巻き込む」ことによって，コンテンツのライフサイクルをできる限り長く活発なものにでき，出口戦略も無理のない形で策定できることが期待できる。大洗では，地域の特産品である「しらす」をモチーフにしたキャラクター「あらいっぺ」が存在するが，『ガルパン』とともにイベントやグッズで露出することも増えて来た（**図表扉-1**）。

鷲宮においても，商工会が企画するイベントは『らき☆すた』に限ったものではない。野球や芋掘りなど，ファン同士，あるいは地元住民との交流に焦点をあてた企画も織り交ぜられている。コンテンツから生まれた魅力を，地域の魅力へと転化していく取り組みというようにみることもできるだろう。

作品コンテンツのライフサイクルとは別に，地域というコンテンツにもライフサイクルは当然ながら存在する。作品の舞台がいつまでもそのままの姿で維持されるとは限らない。『ガルパン』放送後の大洗リゾートアウトレット内の「大洗まいわい市場」と「ガルパンギャラリー」の休業を巡り，アウトレット側との訴訟が生じたことも記憶に新しい。

ガルパン人気をきっかけとした展示施設「ガルパンギャラリー」や関連グッズを扱う「大洗まいわい市場」への来店者の増加によって，運営会社（八ヶ岳モールマネージメント）とテナント（まいわい市場）との間に，顧客ターゲット・安全管理の面で齟齬が生じ訴訟に発展，最終的には運営会社がアウトレット自体をまいわい市場に売却したことで騒動は収束した。

本章ではこの騒動の詳細な経緯は触れないが，『ガルパン』人気の高まりによって来訪する客数が大きく増えたことも背景にあることは間違いなく，人気コンテンツがもたらした「聖地」を揺るがした出来事として記憶されることになるであろう。

もう一点地域側のライフサイクルの観点から見逃せないのは，特に自

治体や公共団体においては，2年程度での担当者の異動や配置転換が行われるのが通例である点だ。もともとは利害関係者との必要以上の癒着を防ぎ，さまざまなキャリアを経験させることを目的とした人事慣習であるが，コンテンツ振興の観点からはデメリットの方が大きいように各所を取材すると考えざるを得ない。

　地域におけるコンテンツ展開は，まだ歴史も浅く，このあとみていく事例にも現れるようにそのノウハウは試行錯誤を繰り返しながら属人的に形成されていることがほとんどだ。現在のところ，コンテンツ事業者側の担当者・地域の窓口となる担当者・ファンを代表するような立場にある者らが，幸運にも巡り会い，相互理解を果たして，先に挙げた「地域魅力創造サイクル」をそれぞれの役割で回している，というのが多くの「聖地」の実情だ。

　コンテンツのライフサイクルの長期化を図りつつ，地域の魅力へと添加していくという数年～10年以上にわたる取り組みにあって，利害相反の調整役の当事者として重要な役割を果たす地域側の人間が，一定期間をもってそのサイクルから離れてしまうというのは，大きな損失につながる。さまざまな課題が指摘される国のクールジャパン政策においても，担当者の異動によって生じる外部との連携の離齬が散見されるが，この問題の解決も行政面の観点からは必要ではないかと考えられる。

効果はどこにあるのか？
——ブランド価値こそがその本質

（1）　コンテンツ展開の直接的経済効果

　ここまで，コンテンツの地域展開を巡るさまざまな課題と機会をみてきた。最後にコンテンツビジネス側と地域側からみた効果がどこにあり，それをどう測れば良いのか，という点について整理して本章を締めくくりたい。

結論から述べれば，報道や調査資料から感じる印象や，現地を訪れる観光客・研究者が抱く期待に反して，直接的な経済効果は小さく，そこに期待を寄せるのは厳しいものがあるというのが偽らざる現実だ。まずコンテンツビジネス側からみていこう。

　コンテンツの地域展開によって，直接的に計上される売上は現地でのグッズ販売によるものが想定される。通常ライセンス料は売上の3％〜5％程度（作品の人気度などによってはもう少し高く設定されることもある）であり，特定の地域で限定された数量のグッズ販売がもたらす収益はさほど大きくない（たとえば1000円のグッズが1万個売れたとして50万円程度）。ミニマムギャランティー（最低保証料）を設定し一定額の収益は事前に確保し，生産や流通のコストもメーカー側に負担させたとしても，販売数がどうしても限定されてしまう商材に対して，許諾・契約・監修作業を行うコストを回収できるだけの収益を直接的に得るのは難しい。ロット数が少ないことに加え，初動では版権の扱いに慣れていない地域の事業者とのやりとりは，それだけをとってもコンテンツ事業者にとっては負担となる。『ガルパン』ではロイヤリティの処理も地域で一元管理する仕組みを整えている（第6章参照）。

　岐阜県の調査会社が『君の名は。』をはじめとした岐阜県内を舞台・モデルとする3作品による聖地巡礼（訪問者数）の経済効果を約253億円と推定している。その内訳は，直接効果が約163億円，間接効果が約90億円となっている（**図表1-7**）。

　総合効果のうち，最も大きいのは宿泊業や飲食サービスなどの対個人サービスで約106億円，そのあと運輸・郵便の45億円，商業が22億円で続く。1人あたりの消費額は日帰り約1万3千円，宿泊約3万1千円といずれも県の観光入込客調査よりも多かったとしている。

　1人あたりの消費額からみても，交通や宿泊に占める割合が大きいことが見てとれる。逆にいえばコンテンツ事業者にもたらされるライセンス料がそこに発生する余地は，版権をあしらった記念切符や，特別な宿泊室の利用などの特殊な例を除けばさほど大きくないことはここからも裏づけられる。

図表 1-7 『君の名は。』の地域経済波及効果

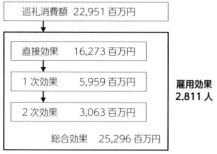

出所：株式会社十六総合研究所（http://www.16souken.co.jp/research.html，2018 年 1 月 22 日）より。

　では，地域にとってはこの直接的な経済効果は大きなものなのだろうか？

　同じく岐阜県が発表している観光入込客統計調査（平成 28 年）では，観光入込客数は 7212 万 2 千人となっており，前年比 1％増としている。観光地点別の集客数では，上位 10 位には入らなかったものの，『君の名は。』の舞台のモデルとなった飛騨古川の古い町並みについて，その入込客数が前年比 13.5％増の 27.1 万人であったことに触れている（最上位は土岐プレミアム・アウトレットの 733 万 5 千人）。

　たしかに観光客の増加に「聖地巡礼」が貢献していることはうかがえるが，あれだけのヒットがあっても，その規模感は全体の 0.4％弱に過ぎない。報道で伝わってくる熱気とは異なる印象がこの数字からは感じられる。

　そもそも数多ある地域の中から作品の舞台・モデルとして選ばれる確率に，毎クール膨大な数の新作の中から当該作品がヒットする確率を掛け合わせ，さらにコンテンツ事業者・ファンと連携しながらの地域での取り組みが受入れられる可能性を鑑みると，その確率はとても小さなものとなる。そして，必ずしも大きいとはいえない「聖地巡礼」の直接的な経済効果に「街おこし」といった期待をかけるのはやはり現実的ではないと評価せざるを得ないのだ。

(2) ブランド形成とグッドウィルモデル

　では，どこに価値を見いだすべきだろうか？　そのヒントはまさに実態とは必ずしも一致しない「報道などのメディアから受ける印象」という部分に存在している。そして，その本質はアニメの舞台・モデルに選ばれずとも（あるいはたとえ作品がヒットしなくても）地域の魅力を発見し，伝えていくプロセスを助けるものとして活かすことができるはずだ。

　つまり，コンテンツの地域展開における第一の価値とは一言でいえば「ブランド」ということになる。近年，企業活動においてもブランドを単なる短期的な広告販促活動を助けるツールではなく，製品・サービス・企業そのものの価値を高め，中長期の競争上の優位を助ける無形・戦略資産として捉えようという動きが高まっている。地域にとってのコンテンツは，地域がもつさまざまなブランドに新たに加わる資産の1つとして数えられるべきではないだろうか。

　「ブランド論」の著者で，この分野の第一人者として知られるデービット・アーカーは著書の冒頭で次のように述べている。

> 「ブランドとは何か？　それは，単なるブランド名やロゴマークよりはるかに大きなものだ。それは，組織から顧客への約束である。そのブランドが表すものが，機能面だけでなく，情緒面や自己表現，人間関係においても役立つという約束を守ることである。しかし，約束を守ることがブランドなのかと言えば，それでも足りない。ブランドとは長い旅路のようなものである。顧客がそのブランドに触れるたびに生まれる感触や体験をもとにして，次々に積み重なり変化していく顧客との関係なのだ」（アーカー［2014］：p.1）。

　先に挙げたコンテンツビジネスの基本モデルである「ウィンドウ・ウィングモデル」に加えて「グッドウィルモデル」と呼ばれる重要なモデルがある。それは，「コンテンツビジネスの基本価値をコンテンツにおける

キャラクター，その名称，そして付随するストーリーが持ちうるグッドウィル（顧客吸引力，営業上の信用）であるという仮説にもとづいている」（木村［2007］）というものだ。

　グッズの売り上げ（商品化）はコンテンツビジネスにおいて，現在も大きな比率を占める。ある作品を視聴者が気に入り，その世界観を体現するグッズを身につけたり，身の回りに置いておきたい，という気持ちから生まれるこの消費は，映像そのものの市場よりもずっと大きな規模を保ってきた。そしてこのグッドウィルは顧客の作品というブランドに対するロイヤルティ（忠誠心）の一角を占めるものといえるはずだ。

　つまり，製作者にとっては，コンテンツの地域展開によって生まれるムーブメントは，作品というブランドの価値を高め，グッドウィルを促進した結果，当該地域のグッズ販売という限定的なビジネスだけでなく，コンテンツのライフサイクルの長期化を促し，生涯収益を大きくすることに貢献しているのだ。

　地域にとっては，たしかにコンテンツによる直接的な経済効果は思いのほか小さい。しかしながら，上述のレポートでも3作品の「巡礼者」のうち8割が，同じく岐阜県内が舞台・モデルとなった『氷菓』『のうりん』などの舞台も訪れた，あるいは訪れる予定であると答えている。地域が，複数のコンテンツによってブランド・ポートフォリオをもつことになり，相乗的な効果が生まれており，その効果は地域の取り組み次第では，コンテンツによって生まれたブランド以外にも波及させることができるはずだ。たとえば『君の名は。』で重要な小道具として登場した組紐づくりを体験できるという取り組みは，アニメコンテンツから伝統工芸品へとその価値を波及させるものである，と読み取ることもできる。大洗や鷲宮の取り組みもコンテンツに依拠しないものも織り混ぜ，その拡張を図っていると評価することもできよう。

　アーカーは次のようにも述べている。

「ブランド・ビジョンは単なる機能的便益を超えるものを目指すべきだ。組織の価値観，より高次元の目的，ブランド・パーソナリティ，情緒的・

社会的・自己表現的便益も加味したビジョンを描こう。顧客にとって〝必須〟となるイノベーションを起こし，ブランドのみならず，新たなカテゴリーやサブカテゴリーを生み出す機会を探すのである」（アーカー［2014］：p.6）。

　コンテンツによって生み出される地域ブランドは，伝統的な地域コンテンツの解釈に囚われない新たな視点をもたらす。数的なインパクトは小さいものの，それまでその地を訪れることのなかった人々（＝ブランドに対するロイヤルティが高いその後の展開のコアとなる顧客）にどのようなメッセージを受け取ってもらい，コミュニケーションを図るかといった取り組みは，まさに新たなブランドを構築する活動そのものであるし，それを行う組織に対してもイノベーションを求めるものであるのだ。

　国・自治体のコンテンツ政策を巡る取り組みでも課題になるのは，ではその資産価値をどのように（特に数的に）評価するか，という点だ。現状では，その評価手法はケーススタディ，つまり「この地域で，このコンテンツが展開され，これだけ盛り上がった」という事例の紹介にとどまっている。たしかにケーススタディは強い印象を与え，ブランド構築そのものに貢献するのだが，「では将来的な中長期にわたる間接的・波及的な効果はどれだけあるのか」という疑問に答えるものではない。上述のレポートのようなコンテンツそのものを起点とした短期間の経済効果の推計では，その規模感も実はさほどでもない，という評価にも陥ってしまう。

　そこで，地域で展開されるコンテンツを，商材ではなくブランド資産と捉えることが重要となってくる。毎年発表される企業・製品ブランドの価値評価ランキングを想起すると，そのイメージはつきやすいのではないだろうか？　たとえば，直近のブランド価値評価ランキング（インターブランド調べ）では，1位のAppleのブランド価値が1842億ドル，トヨタは自動車ブランドでは最高位となる7位となっている。

　このブランド価値の推計方法はさまざまな手法があるが，ポイントは

「将来予想される収益を，現在価値に割り引いて見積もる」という点だ。有形資産ではなく，地域コンテンツによる注目（他の地域ではなく，当該地にメディアの注目が集まったことによる機会創出），ノウハウの蓄積，人材の集積（これらは，当該コンテンツ以外にも適用が可能なものも含まれる）といった無形資産の価値を計る作業となる。上記の例でいえば，『君の名は。』が岐阜県各所をモデルとしたことで，岐阜や高山といった地域ブランドにどれだけの経済的貢献を将来にわたって行ったかを推計する作業だと言い換えることもできるだろう。

　コンテンツビジネスでは，このブランド価値から生まれるグッドウィルをもとに，映像そのものを遙かに凌ぐ規模で商品が売れる，というプロセスを特段意識することなく行っているため，数億規模となる作品への投資を継続的に行ってきたという背景がある。地域がコンテンツの価値を，より長期的な視点で，かつ間接的・波及的な効果も含めてブランドとして評価し，将来も見据えた投資を行うことができるかどうかが，「聖地」を一過性のブームとせず，継続的な価値創出のメカニズムの一環として組み込めることができるかどうかの分かれ道となるだろう。

（松本　淳）

観光政策・観光研究の視点

1 ポップカルチャーと観光政策が結びつくまで

(1) ポップカルチャーに対する国の見方を変えた2つの出来事

　日本は世界から「クール（格好いい）」と思われていると評し，2002年にGNC：Gross National Coolという概念を提示したのは，マグレイ（D. McGray）であった。マグレイの言説に代表されるように，バブル経済崩壊以降，製造業中心の旧来型輸出産業が低迷する中で，マンガやアニメ，ファッションなど日本のポップカルチャーは世界的に受け入れられ，海外で高い評価を得てきた。そしてそうした海外での評価や関心の高まりを受ける形で，日本政府のポップカルチャーに対する期待も徐々に高まっていく。

　そんな中，日本政府のポップカルチャーの活用に関する政策の大きなターニングポイントとなる出来事が2004年に2つ起こる。それが，『冬のソナタ』ブームと，イラク復興支援で供与された給水車へのマンガ『キャプテン翼』のイラストのラッピングである

　前者は2003年4月から9月にかけてNHK BS2で放映された韓国のテレビドラマ『冬のソナタ』である。同ドラマは，中高年女性の間で一大ブームとなり，韓国のロケ地に大量の日本人観光客が訪れる現象を巻き起こした。この出来事は，2005年3月に国土交通省・経済産業省・文化庁によって発表された『映像等コンテンツの制作・活用による地域振興のあり方に関する調査報告書』において，経済波及効果を含めて具体的に紹介されており（国土交通省・経済産業省・文化庁［2005］：p.52），政

府内での注目の高さをうかがい知ることができる。いずれにせよ，この出来事が，日本の観光行政担当者に大きな影響を与え，日本でも同様にコンテンツを活用した観光振興が必要であるという認識が高まっていくことになる。

　一方，後者はイラク戦争後の同国の復興支援のために2004年1月から日本の自衛隊が駐留したイラクの都市・サマーワにおいて，ODAによって供与された給水車26台に日本のマンガ『キャプテン翼』のイラストがラッピングされた出来事である。これは，イラクではサッカーが人気スポーツであり，『キャプテン翼』も子どもたちの人気を集めている（現地では『キャプテン・マージド』と呼ばれている）ことから，同作品のイラストを給水車両にラッピングすることで，イラクの子どもたちに夢と希望を与えられるのではないか，という在サマーワ外務省事務所の発案で始まったプロジェクトであった（江端［2004］）。この出来事は日本のポップカルチャーが外交面で果たしうる可能性を内外に広く示すこととなった。

　この2つの出来事以降，2000年代中ごろから主に3つの省庁・分野を中心にポップカルチャーの活用が具体的政策に取り入れられていくことになる。すなわち，外務省における文化外交政策，国土交通省（当時）における地域・観光振興政策，経済産業省における輸出振興策である（**図表2-1**）。そしてそうした流れの中で，地域・観光振興政策と文化外交政策の双方で，それぞれ重要な用語の定義がなされることになる。それが「コンテンツツーリズム」と「ポップカルチャー」である。

(2)　国による「コンテンツツーリズム」の定義

　まず「コンテンツツーリズム」についてである。前述のとおり，2005年に国土交通省・経済産業省・文化庁によって作成された『映像等コンテンツの製作・活用による地域振興のあり方に関する調査報告書』において，全く新しい造語（和製英語）である「コンテンツツーリズム」という語が定義された。すなわち，「地域に関わるコンテンツ（映画，テレ

図表 2-1　日本政府によるポップカルチャーを活用した文化外交・経済振興政策の流れ

1990	Joseph S. Nye, Jr. "Soft Power"
1990年代	当時の英国を表現する語として "Cool Britannia" が広く使われるように。
2002	Douglas McGray "JAPAN'S GROSS NATIONAL COOL"
2003	1月，小泉総理が施政方針演説で「2010年までに訪日外国人旅行者数を1,000万人に増やす」ことを目標に掲げる。小泉総理が「観光立国懇談会」を主宰。小泉政権（2001年4月〜2006年9月）。
2004	『冬のソナタ』ブーム（日本でのテレビ放送は2003年から），イラク復興支援で日本の自衛隊が駐留したイラクのサマーワにODAにより供与された給水車に『キャプテン翼』のラッピングが施される。
2005	3月，国土交通省・経済産業省・文化庁『**「映像等コンテンツの制作・活用による地域振興のあり方に関する調査」報告書**』
	10月，第3次小泉内閣にて麻生太郎氏が外務大臣に就任。第1次安倍内閣を経て2007年8月まで。
2006	外務省『ポップカルチャーの文化外交における活用』に関する報告』
2007	1月，「観光立国推進基本法」施行（議員立法）
	5月，外務省「国際漫画賞」
	6月，「観光立国推進基本計画」閣議決定
2008	3月，外務省初代「アニメ文化大使」としてドラえもんが就任
	10月，国土交通省の外局として「観光庁」新設。
2009	2月，外務省，「ポップカルチャー発信使（通称「カワイイ大使」）」を任命。2010年3月任期満了。
2010	経済産業省製造産業局「クール・ジャパン室」設置
	観光庁『JAPAN ANIME TOURISM GUIDE』
2011	JNTO『JAPAN ANIME MAP』
2012	3月，『観光立国推進基本計画』改定→ニューツーリズムの欄に，**観光コンテンツの1つとしてアニメが記載**される。
2012	経済産業省が『コンテンツ産業の現状と今後の発展の方向性』の中で**コンテンツの「聖地」**という表現を用い，そうした地へのインバウンド観光客増を戦略として掲げる。
2013	観光庁・日本政府観光局（JNTO）・経済産業省・JETROが『訪日外国人増加に向けた共同行動計画』を発表。「クール・ジャパンコンテンツから想起される**観光地（総本山，聖地）への訪日」**
	訪日外国人旅行者数年間1,000万人を史上初めて達成
2014	6月，観光立国推進閣僚会議が『観光立国実現に向けたアクション・プログラム 2014 ―「訪日外国人2000万人時代」に向けて―』を発表。「2020年に向けて，訪日外国人旅行者数2000万人の高みを目指す」と明記。
2016	3月，「明日の日本を支える観光ビジョン構想会議」。訪日外国人観光客数の目標人数を，2020年に4,000万人，2030年に6,000万人とすることを決定。
2017	一般社団法人アニメツーリズム協会による海外からの旅情者向け事業「世界中で人気の《ジャパンアニメ》の聖地（地域）を活用した広域周遊ルートのモニターツアー」が，観光庁の「テーマ別観光による地方誘客事業」に採択。

出所：筆者作成。

ビドラマ，小説，マンガ，ゲームなど）を活用して，観光と関連産業の振興を図ることを意図したツーリズム」を「コンテンツツーリズム」と定義したのである。そして，その「根幹は，地域に『コンテンツを通して醸成された地域固有の雰囲気・イメージ』としての『物語性』『テーマ性』を付加し，その物語性を観光資源として活用すること」とした（国土交通省・経済産業省・文化庁［2005］：p.49）。

　こうした報告書が刊行された背景には，大きく3つの背景があったことが，同書の「はじめに」からうかがえる。すなわち，第一に，映画，ドラマ，アニメ等の舞台になることが観光客の来訪促進につながることが地域の行政・経済団体に認識されるようになったこと。第二に，「2003年7月，政府の観光立国関係閣僚会議において『観光立国行動計画』が策定され，日本の魅力・地域の魅力の確立や日本ブランドの海外への発信に関連して，日本映画の製作・上映支援（文部科学省），フィルムコミッションの活動支援・ロケの誘致（文部科学省，国土交通省），コンテンツ産業振興（経済産業省）が位置づけられた」こと。そして第三に，2004年5月，政府の知的財産戦略本部が「知的財産推進計画2004」を策定し，「地域等の魅力あるコンテンツの保存や発信強化を図ること」が「コンテンツビジネスの飛躍的拡大」につながることが明記されたこと，である（国土交通省・経済産業省・文化庁［2005］：はじめに）。

　日本においては，2003年の小泉内閣による観光立国宣言以来，2006年の「観光立国推進基本法」の成立など，21世紀の国家政策の柱の1つとして「観光」が位置づけられてきた。そして産官学をあげて観光産業の育成や観光をとおした地域づくりの取り組み・研究が進められ，マスツーリズムに代表される従来型の観光に代わる，新たな観光のあり方が模索されてきた。こうした中，同報告書は，地方自治体に対し，観光振興の核は「モノ」ではなく「コンテンツ」＝「物語」であるというメッセージを送り，コンテンツツーリズムという新しい概念を広めることになった。

　なお，同報告書をはじめとした国によるコンテンツツーリズムに関する議論の特徴は，あくまでも主体となるのは地域側であり，映画やドラ

マ，アニメ等のコンテンツを，地域側が戦略的に観光資源として「活用していくこと」の重要性をうたっている点にある。

(3) 国による「ポップカルチャー」の定義

　これに続き，2006年，外務省のポップカルチャー専門部会は『「ポップカルチャーの文化外交における活用」に関する報告』を発表し，「ポップカルチャー」という語の定義を以下のように行っている。

> ポップカルチャーとは「一般市民による日常の活動で成立している文化」であり，「庶民が購い，生活の中で使いながら磨くことで成立した文化であって，これを通して日本人の感性や精神性など，等身大の日本を伝えることができる文化」。「この考え方によれば，浮世絵，焼物，茶道などは，其々の時代における当時の『ポップカルチャー』であったと言うことができる。」「文化外交への活用にあたっては，こうした『ポップカルチャー』の中で，特に新たな時代の流れを切り開く最先端の分野で，広く国民に受け入れられ，強い浸透性と等身大の日本を表す思想性を有するものを対象にすべきであり，具体的には，アニメ，マンガ，ゲーム，J－POPのほか，ファッションや食文化等の分野が対象になると考えられる。」(外務省ポップカルチャー専門部会［2006］)

　興味深いことに，2005年の国土交通省・経済産業省・文化庁による報告書では，「地域に関わるコンテンツ」を「映画，テレビドラマ，小説，マンガ，ゲームなど」と記しており，「アニメ」の語は入っていなかった。しかし，この2006年の外務省による報告においては，「ポップカルチャー」の具体例の筆頭に「アニメ」が記されている。いわゆるアニメファンによる「アニメ聖地巡礼」ブームが2006年あたりから盛り上がりをみせたことと合わせて考えても，このあたりにアニメに対する政策的認識のターニングポイントがあったように思われる。

2　2つの国策：「観光立国」と「クールジャパン」

(1)　クールジャパン政策のゴールとしての訪日旅行誘致

　こうした流れの中，クールジャパン政策が生まれる。外国人が格好いい（クール）と捉える日本の魅力（アニメ・マンガ・ゲーム等のコンテンツ，ファッション，食，伝統文化，デザイン，ロボットや環境技術など，日本の生活文化の特色を活かした商品またはサービス）の国際展開，海外需要の獲得，関連産業における雇用創出を目指した国家政策である。この政策が本格的に始動するのは，2010年6月，経済産業省製造産業局に「クールジャパン室」が開設されたことによる。その後，2012年発足の第2次安倍内閣からは，閣僚に「クールジャパン戦略担当」大臣（複数の担当と兼任）も置かれている。

　本来クールジャパン政策は，日本の生活文化の特色を活かした商品またはサービスの輸出促進を主眼とした経済政策であり，観光産業は直接的な対象とはされていなかった。しかしその後，インバウンド振興をキーワードに，観光立国政策と，クールジャパン政策が連動して展開していくことになる。その大きな転機となったのが，クールジャパン室設置の翌年，2011年3月11日に発生した東日本大震災であった。

　震災による風評被害の払拭，および日本ブランドの信頼回復が急務であるとして，「クールジャパン官民有識者会議」が『新しい日本の創造－「文化と産業」「日本と海外」をつなぐために－』と題した提言をまとめ，その中で観光について具体的に触れたのである。すなわち，(1) 日本各地に存在するさまざまなモノやコンテンツを再発見して発信すること，(2) それらを輸出すること，(3) さらにそうした流れを観光客の誘致につなげること，を主な取り組みとして位置づけた。

　この提言は，その後のクールジャパン政策を観光政策としても本質的に方向づける大きなターニングポイントとなった。と同時に，こうしてクールジャパン政策のゴールとして訪日旅行誘致を設定することは，以

下のようなそれまでの日本のポップカルチャーの海外展開に関する疑念・課題にも1つの処方箋を提示することとなった。すなわち，日本の生活文化の特色を活かした商品・サービスの海外での消費を増やしても，日本そのもののファンを増やすことに必ずしも直結していないのではないか，という疑念・課題である。海外では，日本製のものとは知らずに消費している場合が多かったり，日本発のアニメやゲームは大好きだが，それをみたりプレイしたりするのが好きなのであって，日本へ行く，ということとは別問題，という人々も多かった。2011年の提言は，こうした課題に対しても一定の方向性を示すこととなったのである。

(2) インバウンド誘致先としての「聖地」

これに続く2012年12月，経済産業省商務情報政策局メディア・コンテンツ課は『コンテンツ産業の現状と今後の発展の方向性』と題した報告書の中で，「『大きく稼ぐ』クールジャパン戦略の全体像」と題して，具体的に以下のような，コンテンツ輸出からインバウンド誘致までの段階的展開を提唱した。すなわち「日本発のコンテンツ・ファッション・食・観光等を海外の消費者に周知し，現地で日本ブームを創出」→「物販やサービス提供を通じて現地で収益を上げる仕組みを構築（店舗，EC，TVショッピング等）」→「本場（聖地）に日本ファンを呼び込み，日本での消費に結びつける仕組みの構築」→「日本（＝聖地）へのインバウンド観光客増」，という展開である。

この提言で注目すべきは，インバウント誘致がクールジャパン政策の戦略的展開プロセスに具体的に位置づけられたことに加え，「日本＝聖地」という表現が用いられたことである。この「聖地」という語は，宗教用語としての聖地ではなく，アイドルやアニメのファンの間で，大好きなアイドルや作品ゆかりの地のことを指す際に用いられていた通俗的な用語である。この点はファン文化が国策に影響を与えたという意味でも非常に興味深い。こうした流れからは，本来はコアなファンの間で行われていた「聖地巡礼」という実践とその用語が，広く社会に認知され，

カジュアルなファン層にも広まり，政策用語として定着していった過程をみて取ることができる。

(3) クールジャパン政策と観光立国政策との連動

さらにその翌年の 2013 年には，観光庁・日本政府観光局（JNTO）・経済産業省・JETRO の 4 者が共同で，『訪日外国人増加に向けた共同行動計画』を発表。名実ともに観光立国政策とクールジャパン政策の連携が実現する。その行動計画の中にも，「クールジャパン事業実施地域に関連する情報発信を行い，クール・ジャパンコンテンツから想起される観光地（総本山，聖地）への訪日を促す」との具体的表現をみることができる。

こうした流れの中で，対外プロモーションや具体的事業も積極的に展開されるようになる。たとえば，2016 年 9 月，一般社団法人アニメツーリズム協会が設立され，翌 2017 年には，同協会による事業「世界中で人気の≪ジャパンアニメ≫の聖地（地域）を活用した広域周遊ルートのモニターツアー」が，観光庁の「テーマ別観光による地方誘客事業」に採択されている。

3 コンテンツツーリズムのアクターを考える

(1)　「地域社会」

上述してきたような国主導の政策が施行されていく中で，訪日外国人旅行者数の総数が増えたことも追い風となり，アニメ聖地をはじめとしてクールジャパンコンテンツにゆかりの場所を訪れる外国人旅行者も政策施行以前と比して大幅に増加したことは事実である。

一方で，どんなに国の施策が進展しても，旅行者を受け入れるのは地

域である。特にコンテンツツーリズムにおけるインバウンド誘致を考えるとき，上述のようなクールジャパン戦略に関する国家的な議論が先行し，地域の役割に関する議論がおざなりになりがちなのが現状である。もちろん国策は重要であるが，インバウンド誘致を含め，観光の本質は，地域のイニシアチブにかかっていることを忘れるべきではない。

その意味で，コンテンツツーリズムの主要アクターとしてまず「地域社会」を挙げておきたい。さらにいえば，地方・地域においてこうした政策や観光現象を熟知し，現場をマネジメントできる人材をいかに育成・確保できるかが重要になってくる。

ここで，非常に重要な事実として指摘しておきたいのは，コンテンツツーリズムに関する国の動きが活発化する以前から，一部地方行政において，具体的かつ本格的な動きがあった点である。いまでこそ「アニメツーリズム」[1]という語が人口に膾炙した感があるが，埼玉県庁産業労働部観光課では，『らき☆すた』をきっかけとしたいわゆるアニメ聖地巡礼ブームを受け，2009年6月に同課を事務局として「埼玉アニメツーリズム検討委員会」を立ち上げている。この委員会は，観光・地域振興に埼玉県ゆかりのアニメ・漫画を活用する方策を多角的に検討することを目的とした，アニメ業界関係者，埼玉県在住の漫画家，商工会職員，大学教員など6名からなる委員会であった。

また，ほぼ時を同じくして，同県秩父市において「秩父アニメツーリズム実行委員会」が設立されており，2010年8月には「銀河鉄道999 in 秩父」というイベントを開催している。なお同実行委員会は，2011年にTV放送されたアニメ作品『あの日見た花の名前を僕達はまだ知らない。』とその舞台地となった秩父市がさまざまなコラボレーションを展開していく上での母体となっている。

こうした2010年前後における埼玉県庁の先駆的な取り組みは，次章以降で触れる旧鷲宮町や秩父市での取り組みと深くリンクしており，県

---

1 本書ではコンテンツツーリズムのうち，アニメコンテンツが中心的にかかわるコンテンツツーリズムをとくに「アニメツーリズム」(アニメコンテンツツーリズムと同義)と呼ぶ。なお，コンテンツツーリズムの定義は本章第4節(4)参照。

庁と市町村行政，地域社会との間で，良好な協力関係が構築されていった事例として特筆に値しよう。

こうした視点を踏まえ，以下本書では具体的な地域の事例を取り上げ，地域のさまざまな主体をみていきたい。地域側の中心になったのは商工会の場合もあれば，市役所の場合もある。本書を読み進めていただければ，地域のさまざまな主体が連携し，コンテンツ製作者との調整，ファンの受け入れを行っていったことがわかっていただけると思う。つまり，本書で取り上げる事例では，行政だけでもなく，地域の事業者だけでもなく，地域のさまざまな主体＝地域社会が協力しえたからこそ，さまざまな取り組みが実現できている。この点は非常に重要で，その意味でも本書では，地域における多様な主体を包括する概念として「地域社会」という呼称を用いたい。

(2) 「ファン」

観光学の文脈からいうと，地域社会（ホスト＝host）と対で考えなければならないアクターは（ゲスト＝guest）としてのファンである。

なお，ここで注意しておかなければならないのは，上述したように政府がポップカルチャーを活用した観光振興・地域振興政策を打ち出す前から，こうした政策とは何ら関係なく[2]，ファン文化として，アニメ作品の舞台地・ゆかりの地への自発的な旅が行われ続けてきた点である。アクターとしてのこうしたファンの特性を知ることは非常に重要である。

たとえば本書で取り上げる旧鷲宮町の事例は，そもそもこうした国の施策等の影響を全く受けずに自然発生的に生まれた事例の典型である。実は旧鷲宮町の事例において，アニメ放送直後に現地を訪れていたファンの多くは，コミケ（コミックマーケット）[3]の参加経験者であった。こ

---

[2] 上述したとおり，現在のようにアニメを含むポップカルチャーが政府の政策に大きく取り上げられるようになったのはごく最近のことである。このあたりは，たとえば韓国のように，コンテンツ輸出政策に多額の国家予算を投入してきた国とは大きく異なる点であり，他国との比較をしていく上でも注意が必要である。

[3] 2012年現在，夏と冬の年2回，東京国際展示場（東京ビッグサイト）で開催されている世界最大規模の同人誌即売会。コミックマーケット準備会が主催。

うしたファンは，同人誌の製作や購読をとおしてパロディ作品，すなわち二次創作物の楽しみ方を身に着けていた人々である。そしてまた，コミケの運営がボランティアによって成り立っていることを身に染みてわかっていた人々である（コミックマーケット準備会のスタッフはボランティアとして各種作業にあたっている）。さらにいえば，コミケにおいては，各参加者は対等であるとされ，「売り手」，「買い手」ではなく，全員が「対等な参加者」であると認識する文化を参加者は共有している。こうしたコミケ文化を共有している層が旧鷲宮町の事例において中心的に活躍したことが，旧鷲宮町におけるファン参加型の活動・事業の展開を生む大きな背景となった点は重要である。たとえば商工会がイベントを行う際には，ファンがボランティアとして会場整理等を行うのが常となっている。

　また，アニメファンの中でも特定の作品のコアファンは，お気に入りの作品に対するブランド・ロイヤルティ（brand loyalty）が極めて高い。つまり好きな作品を末永く支持する傾向にある，ということである。ブランド・ロイヤルティの高い顧客は製作者にとって極めて重要であるばかりでなく，地域にとっても，こうしたファンが地域のファンになってくれれば，地域（というブランド）に対するロイヤルティの高い顧客となる。当然のことながら，こうしたブランド・ロイヤルティの高いファン＝コアファン以外にも，カジュアルファンが存在する。カジュアルファンは流行を追い求める傾向が強く，特定の作品への思い入れはそれほどない。そして新しいものに飛びつく傾向にある。ブームに乗ってマスマーケット化するのはこうしたカジュアルファンであり，地域にとっては一過性の来訪者になりやすい。このあたりの見極めも地域側にとっては重要である。

（3）「コンテンツ製作者」

　通常，観光学においては，観光の現場におけるアクター関係はホスト（host，受け入れ側）とゲスト（guest，旅行者）という二者関係で論じられ

る。しかしコンテンツツーリズムにおいては，こうした二者に加え，さらにもう一者，コンテンツそのものの製作者・著作権者（copyright holders）の利害関係をしっかりと考慮することが必要不可欠となる。

具体的には，製作者は地域をロケ地，舞台モデル地として作中に描くことで地域の特定の場所に特別な意味やイメージを付与し，コンテンツツーリズム目的地を生み出す，という極めて重要な活動を行う主体である。そしてそれだけでなく，その後，さまざまな形で地域社会とタイアップやコラボレーションを行う主体でもある。

山村［2014］でも述べたように，2000年代後半からさまざまなアニメ作品で地域とのタイアップやコラボレーションが活発に試みられており，コンテンツ製作者にも地域にも方法論の蓄積がなされてきた。そしてこうした試行錯誤をとおして，製作者と地域とのコラボレーションは，ブランド戦略上，双方に利点があるということが明らかになっていく。すなわち，製作者にとって地域の風景や歴史・文化を作品に取り込むことは，アニメ作品の物語世界のリアリティを強化し，その後コンテンツ市場で消費されるイメージの真正性を担保することにつながる。一方の地域にとっては，地域資源が作中で魅力的に描かれることで，そうした資源がイメージとストーリーをともなって他者に印象的にアピールされ，地域ブランドの強化につながる，という利点である。

こうした考え方は，アニメ産業界の思い（アニメビジネスの収益構造改善を目的として，新たなプロモーション手法やライセンスビジネス手法を開発する必要性）と，地域社会の思い（地域経済低迷の中，地域ブランドを確立し，観光振興をとおして地域経済の活性化を図る必要性）が，双方で共有されていく中でたどりついたものである。

（4） アニメツーリズムのためのトライアングルモデル

このように，本書が扱う，アニメをきっかけ・動機としたコンテンツツーリズム，すなわちアニメツーリズムに関していえば，「地域社会」，「ファン」，「コンテンツ製作者」という3つのアクターを利害関係者

(stakeholders) として捉える必要がある。この点は極めて重要である。

これら三者のより良い関係性をいかに築き、末永く持続させられるのか、というテーマについては、『らき☆すた』をきっかけに大きく注目されるようになり、2010年前後、鷲宮町商工会（当時）や埼玉県庁観光課、日本動画協会や東京国際アニメフェア（当時）といった場において、活発に議論された。縁あって筆者（山村）もこうした一連の議論に参加させていただき、関係者間の議論の中で多くの示唆を頂戴した。いわゆるアニメツーリズムのためのトライアングルモデル（山村［2011］）は、こうした関係者との議論の中で生まれたものである（**図表2-2**）。

このモデルのポイントは、三辺の結びつきをしっかりと強め、安定した三角形を作ること、つまり、三者がコンテンツをきっかけに相互理解を深め、それぞれが満足できる関係性を相互に築いていくことが重要であることを示したものである[4]。

ところが、自治体における昨今のアニメツーリズムに関する取り組みでは、「国あるいは地域」の政策的側面が優先され、「ファン」や「コン

図表2-2　アニメツーリズムのためのトライアングルモデル（再掲）

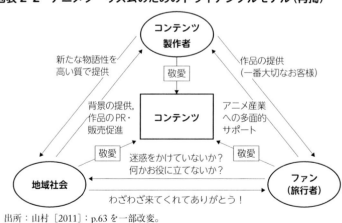

出所：山村［2011］：p.63を一部改変。

4　詳しくは山村［2011］、山村［2018］を参照。

テンツ製作者」の利益に対する認識が不足している事例が依然として多く見受けられる。以後本書では，事例をとおして改めてこの関係性構築の重要性と難しさ，課題について検討を進めてみたい。

4 アニメツーリズム研究

(1) アニメツーリズム研究の潮流

さて本節では，本書の内容に関連する分野のうち，観光研究分野を中心に，アニメツーリズムに関する研究の系譜を整理しておきたい。観光研究は学術的な領域としては新しい分野であり，前節までで述べてきた社会の実態や観光に関する政策の動向の影響を強く受ける形で急速に発展してきた。つまり，研究者の目線（問題意識）を知ることは，社会の動向や実態を把握する上でも有効なのである。

では以下，具体的にアニメツーリズムに関する観光研究の系譜を見ていこう。実は，単純化を恐れずに言えば，国内での研究の流れと，主に英語で発表されてきた国際的な研究の流れ，の大きく2つに区分できる。

前者，国内での研究は，アニメ作品の視聴をきっかけとした作品の舞台地や作品ゆかりの地へのファンの旅行行動が社会的に注目されるようになった2000年代中葉から活発に行われるようになった。具体的には，アニメ聖地を訪れる旅行者の行動やファンコミュニティの形成に注目したもの（たとえば岡本［2013］など）や，アニメコンテンツと地域の再生，観光振興のあり方に注目したもの（たとえば増淵［2010］，山村［2011］など）が主流となっており，いずれも日本国内を対象とした個別の事例研究が中心である点に特徴がある。

一方後者の国際的研究は，2013年にオーストラリアの観光研究者スー・ビートン（Sue Beeton）らが，当時の日本におけるコンテンツツーリズム研究の概要を初めて英文書籍の一章として発表したことを皮切り

に，英語圏で注目を集めるようになった。こうした英語圏での一連の研究の特徴は，世界各地の類似事例との比較をとおして，既存の学術体系の上に，日本のコンテンツツーリズム現象を理論的・体系的に位置づけようとしている点に特徴がある。

以下，本節では，若干の紙幅を割き，これら2つの系譜についてまとめておきたい。

(2) 日本国内におけるアニメツーリズム研究

日本国内においてアニメツーリズムに関連する研究が活発化するのは，『らき☆すた』(2007)の放送以降である。鷲宮町でのさまざまな出来事，鷲宮町商工会の取り組みが注目を集めたことが大きなターニングポイントになったことは間違いない。

しかし，それ以前にも，先駆的な研究・著述の試みがあったことは忘れてはならない。それは，『らき☆すた』のTV放送に先立つ約2年前に柿崎俊道が著したアニメ聖地巡礼に関する最初期の著作である（柿崎[2005]）。「アニメ聖地巡礼」ブーム到来前にいち早く，アニメやマンガのモデルになった場所を巡る行為を「聖地巡礼」と呼んで分析を試みた同書は，アニメ聖地と宗教的聖地との本質的共通点を指摘するなど慧眼に富んだものであった。また，メディアをとおしてアニメ聖地巡礼という行為が広く認知される以前からもファンの間では聖地巡礼が行われていたことを記録した稀有な著作としても貴重である。

次に，いわゆる2005年の「コンテンツツーリズム」の定義を受け，最も初期に出されたコンテンツツーリズムに関する研究成果として重要なものが，増淵[2010]である。同書で増淵は「アニメ聖地巡礼」を含む「コンテンツ・ツーリズム」[5]に関して，内外で初めて体系化を試みたものである。アニメの他，TVドラマ，小説，Jポップも射程に含め，コンテンツ・ツーリズムというアプローチの可能性を大きく広げた重要な著作である。

---

5 増淵[2010]は「コンテンツ・ツーリズム」と「・」を用いた表記法をとっている。

翌年には，山村［2011］が，当時の埼玉県鷲宮町，宮城県白石市，長野県上田市などの取組事例の取材をまとめ，アニメツーリズムの主要なアクターは三者（製作者，ファン，地域社会）であるとし，前述のアニメツーリズムのための「トライアングルモデル」を提示した。そして，これら三者の双方向的かつ良好な関係性構築がコンテンツツーリズム開発の要点の1つであると指摘した。

　続く2013年，岡本健は，「アニメ聖地巡礼」が「他者とのコミュニケーションのあり方にどのような役割を果たすのか」を観光社会学の観点から分析し，巡礼者コミュニティの形成過程や，巡礼者と地域社会との協働関係構築のプロセスを明らかにしている（岡本［2013］）。

　こうした中，アニメツーリズムを観光研究以外の領域から再検討する流れも生まれ，2015年には，宗教社会学者の岡本亮輔が，宗教学をベースとしつつ，宗教的聖地から鷲宮を含むアニメ聖地までを体系的に論じ，現代社会が聖なるものや聖地に求める意義，信仰や祈りの多様性を浮かび上がらせている（岡本［2015］）。

　このように日本国内では，「聖地巡礼行動」，「コンテンツ（あるいはコンテンツ製作者）と地域社会とのコラボレーション」，といったあたりが論点の中心となり，現在に至るまで，個別事例の分析を中心に研究が蓄積されている。ただ，どうしても国内の議論にとどまってしまうか，日本の事例の特異性を強調する傾向があり，後述する国際的研究のように諸外国の事例との共通点・差異を探っていく，という展開にまでは至っていない。こうした点で同研究分野の体系化も国際的に後れをとってしまっている感は否めない。

(3)　国際的なアニメツーリズム研究

　そもそもコンテンツツーリズムという語は前述のとおり和製英語であり，日本で考案された概念である。こうした日本におけるコンテンツツーリズム概念を海外で初めて学術的に紹介したのが，オーストラリアの観光研究者スー・ビートンらである。先に触れたようにビートンらは，

2013に英文で刊行された学術書にコンテンツツーリズムに関する1つの章を発表した（Beeton et al.［2013］）。この論考はオーストラリア，日本，英国の研究者3名による共著で，日本発のコンテンツツーリズムの概念を，フィルムツーリズムを中心とした欧米での観光研究の流れを踏まえて整理し，韓流や香港映画，Bollywood映画なども引き合いに出しつつその共通点や差異にも触れた挑戦的な内容であった。

　この書がきっかけとなり，ビートンは国際的にも高い評価を受けていた自らの著書 *Film-Induced Tourism*［2005］を2016年に改定するにあたり，同書に新たにcontents tourismという語を加え，用語の説明と日本での研究の展開について紹介を行うとともに，film-induced tourism（映像が誘発する観光）の体系にコンテンツツーリズムを位置づける試みを行っている。

　これに続く，2017年には，ビートンと共同研究を続けてきたシートンらが，日本国内でのコンテンツツーリズム研究の流れと，海外での関連研究の流れを踏まえた上で，日本におけるポップカルチャーの聖地とそこで展開するツーリズムについて，その歴史から最新動向までの体系化を試みた英文書籍を米国で出版した（Seaton et al.［2017］）。同書は，日本国内だけではなく，国際的にも適用可能なコンテンツツーリズムの定義・アプローチを提唱するとともに，アニメコンテンツもその中に明確に位置づけた。こうした点で，同書はその後の国際的な議論の1つの流れを作ることとなった。

　たとえば，同書の刊行を記念して，米国カリフォルニア大学バークレー校（University of California, Berkeley）人類学部では，観光人類学者のネルソン・グレイバーン教授が主催者となり"CONTENTS TOURISM: Creativity, Fandom, Neo-Destinations"と題したシンポジウムが2017年3月10～11日に開催されている。同シンポジウムには筆者（山村）も登壇させていただいたのだが，コンテンツツーリズム研究に携わる各国の若手研究者が発表者として参加するとともに，ディーン・マッキャネル教授といった観光研究の創成期を担った中心的研究者もコメンテイターとして参加し，これまでの観光人類学や観光社会学の蓄積の上にコ

ンテンツツーリズム研究はどう位置づけられるのかを議論する画期的な場となった。

さらにこうした流れは，海外におけるここ数年来の日本観光ブームや日本コンテンツの流通増大も後押しをする形で，国際的に１つの研究領域を形成しつつある。たとえば，2017年末，ワシントンDCで開催されたアメリカ人類学会（American Anthropological Association）の年次大会で，"Contents Tourism in East Asia；Japan, Mainland China, Taiwan, Korea"と題したパネルが行われたり[6]，同じく同年末，香港で開催されたThe Travel and Tourism Research Association (TTRA) アジア・太平洋支部の年次大会で，"Media and Tourism：from Travel Writing to Film"と題した特別パネルが開催され，メディア研究，観光研究の中にコンテンツツーリズムをどう位置づけるかという議論が，英国，ニュージーランド，オーストラリア，日本の研究者・実務家によって行われたり[7]している。

なおこうしたコンテンツツーリズム研究の国際的な流れの中で，やはりアニメコンテンツは最も注目を集めるコンテンツの１つであり，アニメツーリズム研究に対する関心も高い。というのも，海外においてはコンテンツツーリズム研究が活発化する以前より，日本文化研究（Japanology）やメディア研究において日本のアニメに関する研究が活発に行われてきた土壌があり，そうした分野の研究者が，アニメツーリズム研究に高い関心を寄せているのだ。

さらに，この時期，海外でアニメツーリズムに対する関心が高まった背景の１つとして指摘しておかなければならないのは，2015年頃から日本のアニメが海外市場規模を大きく拡大した点（ヒューマンメディア［2018］：pp.6-7）であろう。2015年前後は，インターネット環境が向上したり，スマートフォンが普及したりしたこともあり，クランチロール

---

[6] "Contents Tourism in East Asia; Japan, Mainland China, Taiwan, Korea" (Oral Presentation Session). *American Anthropological Association 116th Annual Meeting*. Marriott Wardman Park Hotel, Washington, DC, 1 December, 2017.

[7] "Special Session on Media and Tourism: from Travel Writing to Film". *TTRA APac Chapter 5th Annual Conference*. Hotel ICON (School of Hotel and Tourism Management, The Hong Kong Polytechnic University), Hong Kong, 8 December, 2017.

（Crunchyroll）やネットフリックス（Netflix, Inc.）といった映像配信事業者をとおして日本のアニメコンテンツがそれまで以上に国際的に消費されるようになった時期である。来日する海外からのコンテンツツーリストの旅行動機形成の面からもこうした点に注目が必要であろう。

いずれにせよ，日本ではあまり報道されないのだが，海外において日本発の概念であるコンテンツツーリズムをどう捉えるべきかという議論が学術的にも実務的にも活発化している点は，今後のインバウンド誘致を考えていく上でも注目に値しよう。そしてそうした議論においては，関連する既往研究分野の蓄積と延長線上にコンテンツ—リズムを位置づけようとする試みが積極的になされている。この点は学術的にも極めて重要な動きであり，目下，日本語よりも英語でコンテンツツーリズム研究の成果が多く蓄積されつつある大きな背景となっている。

（4） コンテンツツーリズムの定義

前述のシートンら（Seaton et al ［2017］）は，ポップカルチャー・コンテンツが，物語やキャラクター，ロケーションなどさまざまな要素から複合的に構成されており，こうした諸要素がさまざまなメディアをとおして流通し（メディア・ミックス展開し），人々の旅行動機を醸成している現象に着目し，コンテンツツーリズムを以下のように定義している。

> 「映画，テレビドラマ，マンガ，アニメ，小説，ゲームなど，ポップカルチャー（大衆文化）作品を構成する創造的要素（物語，キャラクター，ロケーションなど）によって，全体的あるいは部分的に動機づけられた旅行行動」（Seaton et al.［2017］：p.4）。

また同書でシートンらは，近年のメディア・ミックスが一般化した時代（コンテンツが複数のメディアで同時展開するメディア・ミックス時代）においては，従来のfilm-induced tourismやliterature tourismなど，特定のメディア・フォーマットのみに着目した分類では，メディア・

ミックス的諸現象を説明しづらくなっている点も指摘している。こうした観点は，SNSの活用なども含め，情報化が急速に進む昨今，地域社会レベルでも非常に重要な考え方になるであろう。

(5) 今後の課題

このように，アニメツーリズムを含めコンテンツツーリズム研究は，他の観光研究分野に比べ歴史が浅く，緒に就いたばかりの分野である。しかし次の二点で大きな可能性も秘めている。第一に，かかわるアクターも多く，すそ野も広い分野であるため，さまざまなアプローチが可能であり，今後の多様な展開が期待できる点。第二に，広く海外で日本のポップカルチャー・コンテンツが支持され，作品の舞台となった場所等，コンテンツとゆかりのある日本の土地を訪れる外国人旅行者も増加傾向にある中，同分野に関心をもつ海外研究者も増えつつあり，研究成果も国際的に蓄積されてきている点である。

その一方，課題があることも否めない。まず，アクターが多くすそ野が広い分，アプローチがばらけてしまい，体系化が困難である点である。また，研究の場に，重要なアクターである製作者や旅行者の声を反映することがなかなか難しいという課題もある。国際的な研究ともなれば，こうした点はなおのこと困難を極めよう。そうした中，本書のような地域社会や製作者の経験をケーススタディの形でまとめたものが，議論のきっかけとして大いに役に立つと信じたい。

近年は，コンテンツツーリズムの可能性を，文化的安全保障の構築の面から考えようとする国際共同研究もみられるようになってきた[8]。このあたりの論点は，東アジア地域からのコンテンツツーリストが増えていることから考えても，近隣諸国とさまざまな政治的懸案を抱える日本にとって，ますます重要な意味をもつものになるであろう。コンテンツツーリズム研究も新たな段階に入ったといえよう。

（山村高淑）

---

8 たとえば，「'contents tourism'を通した文化の伝播と受容に関する国際比較研究」科学研究費助成事業基盤研究（A），研究課題番号：26243007, 2014年度〜2018年度，など。

地域ブランド形成の視点

1 コンテンツツーリズムと地域振興

　2017年8月30日の『日経MJ』（4面）に，アニメツーリズム協会が「アニメ聖地88か所」を選定したことを報じる記事が掲載されている。この記事には，「地域振興に期待」「一部住民に不快感も」「丁寧な説明，成功のカギ」という3つの見出しがつけられている。これらの見出しには，現在のアニメツーリズムを巡る世間一般の認識が反映されているように思われる。すなわち，期待と戸惑いである。

　日本社会は今後急速な人口減少と史上類をみない高齢化に直面する。定住人口の増加を望めない状況[1]において，交流人口の増加につながる観光への期待が高まっている。アニメツーリズムも新しいタイプの観光として注目を集め，前述の協会が発足するまでになっている。

　第2章において山村も引用しているように，国土交通省・経済産業省・文化庁による『映像等コンテンツの制作・活用による地域振興のあり方に関する調査報告書』では，「コンテンツツーリズム」を「地域に関わるコンテンツ（映画，テレビドラマ，小説，まんが，ゲームなど）を活用して，観光と関連産業の振興を図ることを意図したツーリズム」と定義している（国土交通省ほか［2005］：p.49）。観光現象そのもの以上に，そこから派生する観光産業振興や地域振興が強く意識されていることがわかる。「現在のコンテンツツーリズムは単に観光文脈だけではなく，地域

---

[1] 2010年から2015年にかけて，全国1,719市町村のうち1,419市町村（82.5％）で人口が減少した。その半数近い833市町村では5％以上の減少を記録している（総務省統計局「平成27年国勢調査結果」）。

の再生や活性化と結びついている」(増淵［2009］：p.34) のである。

　岡本憲明は,「ポップカルチャーを活用した主な地域おこし」として14例を挙げている (岡本［2010］)。これらの例を筆者 (大谷) なりに整理すると, ①ミュージアムの開設やハードウェアの整備 (例：宮城県石巻市, 東京都三鷹市, 京都府京都市, 兵庫県宝塚市, 鳥取県境港市, 福岡県北九州市), ②アニメ作品の舞台 (埼玉県鷲宮町, 兵庫県西宮市), ③アニメ産業の振興 (東京都練馬区, 富山県南砺市, 大阪府大阪市), ④webサイトによる情報発信 (高知県, 福岡県), ⑤美少女イラストの活用 (秋田県羽後町) となる。ここに「アニメイベントの開催」を加えれば, ほぼ現在のメニューが出揃う。本書が扱う事例は「②アニメ作品の舞台」に分類されるものであるが, それ以外にもさまざまな形でアニメコンテンツの地域的な活用がなされている。

　本章では, 地域ブランドづくり (地域ブランディング) の観点からアニメコンテンツと地域を巡る予備的な考察を行う。地域社会にとっては短期的な経済効果よりも地域価値の持続的な向上が重要である。その意味で, アニメツーリズムと地域ブランドの関係もまた重要性をもつ。次節以降, 2つの地域ブランド, 経験価値といった観点から,『らき☆すた』の舞台のモデルとなった埼玉県鷲宮,『輪廻のラグランジェ』の舞台のモデルとなった千葉県鴨川市などの事例を取り上げて考察を進める。

2　アニメコンテンツと地域ブランド

(1)　2つの地域ブランド

　近年,「コモディティ化 (commoditization)」と呼ばれる現象が問題視されている。コモディティ化とは, 商品やサービスにおいて機能・品質面での差別化が難しくなることである。コモディティ化した商品・サービスは, 代替可能で価格以外の差異が認識されないため, 低価格化が進

む。事業者にとってコモディティ化は避けるべき現象である。そこで，脱コモディティ化の方策の1つとして重視されているのがブランディングである。

ブランディングに取り組むのは企業だけではない。国家的な知財戦略と地域の自立化を促す流れの中で，地域におけるブランディングも重要視されている。日経各紙[2]における「地域ブランド」を含む記事数は，2004年：113件，2005年：138件，2006年：371件と，2006年に急増している。これは2006年4月にスタートした地域団体商標制度の影響による。この制度により「地域名＋商品（サービス）名」型の商標の登録要件が大幅に緩和され，一次産品を中心に各地で登録が相次いだ。

一般的に「地域ブランド」は，ブランドの付与対象の違いによって大きく2つのタイプに分けられる。青木幸弘は，特産品や観光資源に付与される「地域資源ブランド」と，個別の地域資源や歴史・文化などを取り込んだ「地域全体のブランド」に分け（青木［2004］），小林哲は，地域産品に付与される「地域産品ブランド」と地域空間に付与される「地域空間ブランド」に分けている（小林［2016］）。

本章では，青木と小林の「いいとこどり」で，地域の個別要素（商品，サービス，物件等）に付与される「地域資源ブランド」と，ある程度のまとまりをもった空間に付与される「地域空間ブランド」の2つに整理する。「地域産品ブランド」という呼称はブランドの付与対象が商品に限定される印象が強く，「地域全体のブランド」は付与対象が明確ではないためである。たとえば，温泉観光地を考えた場合，個別の観光スポットや温泉（入浴サービス）は「地域資源ブランド」，観光目的地としての空間は「地域空間ブランド」の付与対象となる。

「地域資源ブランド」と「地域空間ブランド」は互いに影響を与え合う。2つの地域ブランドの関係をビジネスブランドにおける企業ブランドと個別商品ブランドになぞらえることも多い。内閣府知的財産戦略本部コンテンツ専門調査会において提示された経済産業省の説明資料（経

---

[2] 日本経済新聞の記事データベース「日経テレコン21」を利用した。検索対象は，日本経済新聞朝刊・夕刊，日経新聞地方経済面，日経産業新聞，日経MJ，日経金融新聞，日経プラスワン。

図表 3-1　地域ブランド化の模式図

出所：経済産業省［2004］。

済産業省［2004］）では，地域ブランド化を「（Ⅰ）地域発の商品・サービスのブランド化と（Ⅱ）地域イメージのブランド化を結びつけ，好循環を生み出し，地域外の資金・人材を呼び込むという持続的な地域経済の活性化を図ること」と定義している（**図表3-1**）。（Ⅰ）地域発の商品・サービスが（Ⅱ）地域イメージを強化し，（Ⅱ）地域イメージが（Ⅰ）商品・サービスの価値を向上させる循環的な関係である。

　食べ物を例に挙げれば，地域発の商品が地域イメージに影響を与えた代表例が宇都宮餃子である。宇都宮市では，都市イメージが希薄であることを問題視し，市職員の発案で地域プロモーションのために餃子を売り出した。現在では，「餃子のまち宇都宮」として確固たる地域イメージを確立している[3]。一方，地域イメージが個別の地域資源に影響を与えている例が北海道である。北海道は，47都道府県の中で食品の産地として圧倒的に人気が高い[4]。気候や地勢，歴史・文化などに由来する北海道のイメージが個別の商品に強い影響を与えていると思われる。もちろん，それぞれの事例において，個別の地域資源と地域イメージは循環的に影響を与え合う関係にある。

3　詳しくは大谷［2014］を参照。
4　詳細は省くが，「地域ブランド戦略サーベイ」（日経リサーチ）や「地域ブランド調査」（ブランド総合研究所）をはじめとする各種の調査において，北海道は食品（ご当地料理，農水畜産品など）の購入意欲度や魅力度で47都道府県中1位となっている。

(2) 地域ブランドとしての鷲宮

　本項では，2つの地域ブランドの相互作用という観点からアニメコンテンツと地域の関係を考えてみたい。アニメ作品は1つの商品には違いないが，一次産品と同じような意味での「地域産品」「地域発の商品」とはいいがたい。後述するように，アニメ制作会社の立地は著しく偏っており，地域内の事業者が自力でアニメ作品を創り出すことができるケースは限られるからである。

　しかし，幸運にも作品の舞台に選ばれたならば，その作品は地域イメージに影響を与える地域資源になりうる。ブランド総合研究所の田中章雄は「地域ブランドの先進事例20」の1つとして，アニメ『らき☆すた』の舞台のモデルである埼玉県鷲宮を挙げている（田中［2012］：pp.168-171）。本書第4章において詳述するように，鷲宮は「アニメ聖地巡礼」が注目を集めるきっかけとなった場所である。現在では「鷲宮といえばアニメ『らき☆すた』」というイメージが広く定着している。地域資源としての鷲宮神社がアニメ作品に取り込まれ，その作品が地域イメージに強い影響を与えている。

　いわゆる「アニメ聖地」とはアニメ作品によって観光地としてのブランド力（地域イメージ）が強化された状態である。熱心なファンの中には移住する者もおり，これは居住地としてのブランド力が強化された状態だと考えられる。作品のファンに限定されてはいるが，「地域空間ブランド」の確立に成功したことになる。

　一方，アニメコンテンツによる地域資源レベルのブランド化もありうる。鷲宮では，「ひいらぎし米」というネーミングの米が販売されている（**図表3-2**）。『らき☆すた』のメインキャラクターである柊姉妹（ひいらぎしまい）にちなんだ商品である。久喜市商工会青年部鷲宮支部の会員が生産した米を袋詰めしたもので，パッケージには「柊姉妹」の絵と文字が入っている。

　地域限定の商品として鷲宮神社近隣の商店で販売され，価格は2合（約300g）パックが540円（税込）である。2015年の大晦日に販売が

図表 3-2　「ひいらぎし米」のパッケージ

ⓒ美水かがみ／KADOKAWA
写真提供：久喜市商工会鷲宮支所事務局

スタートし，2015 〜 16 年（2015 年大晦日販売スタート分）と 2016 〜 17 年（2016 年大晦日販売スタート分）は各 1,000 個，2017 〜 18 年（2017 年大晦日販売スタート分）は 300 個を製造・販売した。2017 〜 18 年の製造個数を絞ったのは，長期貯蔵が難しいためである（鷲宮⑦）。

　旧鷲宮町ないし久喜市は，米産地として名が知られているわけではない。また，一般的な 5kg パックの米が 2,000 円程度で販売されていることを考えれば，かなり高価な米だという印象を与えるかもしれない。しかし，「ひいらぎし米」は日常使いの食品ではなく，『らき☆すた』ファンを想定した土産品や記念品としてポジショニングされている。通常の米とは価値体系が異なるのである。

　和田充夫は製品の価値として，「基本価値」「便宜価値」「感覚価値」「観念価値」の 4 つを挙げている（和田［2002］）。「基本価値」は製品の品質，「便宜価値」は入手のしやすさや価格の手ごろさ，「感覚価値」は製品やその付帯要素（パッケージなど）から五感が受ける心地良さ，「観念価値」は「消費者がブランドに抱く共感度」（和田［2002］：p.65）である（**図表 3-3**）。和田はブランド価値を「感覚価値と観念価値の 2 つの融合されたもの」（和田［2002］：p.25）だと述べている。

　図表 3-3 には，製品カテゴリー別に重視される価値属性も記している。「生活基盤形成部分の製品カテゴリー」（≒コモディティ）において

図表 3-3 製品の価値属性

価値属性	価値内容	生活基盤形成部分の製品カテゴリー	生活の豊かさ演出部分の製品カテゴリー
基本価値	製品の品質そのもの	最高値の追求	最高値の追求
便宜価値	製品の購買・消費にかかわる内容	最高値の追求	価値追及が多様
感覚価値	製品およびパッケージ,広告物・販促物に感じる楽しさ,美しさ,可愛らしさ,心地よさ,目ざわり耳ざわりのよさ,新鮮さなど	重要性低い場合によってはブランド価値評価に反映	魅力度,好感度が必須
観念価値	ブランド名およびブランド・コミュニケーションが発信するノスタルジー,ファンタジー,ドラマツルギー,ヒストリー	ほとんど無意味	最重要価値共感度が必須

出所:和田［2002］:表5,表6より作成(一部省略して統合)。

は「基本価値」と「便宜価値」が重要である。それに対して,「生活の豊かさ演出部分の製品カテゴリー」,すなわち,趣味や楽しみのために購入するような製品は,品質の良さを前提にしつつも,「感覚価値」や「観念価値」が重視される。「便宜価値」については価格や入手のしやすさが一義的に追及されるわけではなく,「手に入りにくさ」が価値につながることさえある。

『らき☆すた』ファンにとって「ひいらぎし米」は,コモディティではなく,「生活の豊かさ演出部分の製品カテゴリー」に分類される。そのため,多少価格が高いことや鷺宮でしか買えないことは価値を低下させるどころか,むしろ価値を高めることにもつながる。そして,「感覚価値」であるパッケージのデザインやネーミングと,「観念価値」である『らき☆すた』(柊姉妹)への思いが作用することで,ファンにとってのブランド米(特別な米)となる可能性をもつ。

(3) 「経験価値」を手がかりとして

「ひいらぎし米」の価値は米農家や販売者が一方的に創り出したもので

図表 3-4 地域資源のタイプとブランド化の方向性

ブランドの性格	地域資源	ブランド化の方向性
送り出すブランド	農水産物	価値担保システム＋産地的正当性・独自性
	加工品	原料等の正当性・差別性＋加工技術の独自性
招き入れるブランド	商業地	集積性・空間構成の差別性＋経験価値の提供
	観光地	自然・歴史・文化の差別性＋経験価値の提供
	生活基盤	生活インフラの差別性＋経験価値の提供

出所：青木［2004］：図 2 より作成。

はない。この商品は，『らき☆すた』に双子の柊姉妹が登場し，鷲宮神社をモデルとする「鷹宮神社」の宮司の娘として神社境内で暮らしているという知識を前提としている。当然ながら買い手（『らき☆すた』ファン）はその点を理解して購入する。「ひいらぎし米」の「感覚価値」と「観念価値」は，コンテンツ製作者と農業者（販売者）と『らき☆すた』ファンが作品の設定を共有することで生まれている。

この事例を考える上で重要なキーワードが「経験（experience）」である。青木幸弘は，地域資源ブランドを，地域産の資源を地域外に「送り出すブランド」（農水産物，加工品）と，地域外の住民を地域内に「招き入れるブランド」（商業地，観光地，生活基盤）に二分し，それぞれの地域資源の「ブランド化の方向性」を整理している（**図表3-4**）。たとえば，「農水産物」であれば，認証基準や生産方法などの「価値担保システム」と，自然条件を含めた産地としての独自性を備えることでブランド化を図ることができる。この表において「招き入れるブランド」[5]の方向性として挙げられているのが「経験価値の提供」である。

「経験価値」の概念は，わが国においては2000年頃から注目され始めた[6]。「ユーザーエクスペリエンス（UX）」をキーワードとした工学的な

---

[5] 筆者（大谷）は，商業地と観光地は「地域資源ブランド」ではなく，「地域空間ブランド」（青木の言葉では「地域全体のブランド」）に分類すべきだと考えているが，分類の問題はひとまず置いておく。

[6] パイン＆ギルモア著 "The Experience Economy"（邦題『経験経済』）とバーンド・H・シュミット著 "Experiential Marketing"（邦題『経験価値マーケティング』）の邦訳がともに2000年に刊行されている。

研究の流れもあるが,ここではマーケティング論で用いられる「エクスペリエンス」に絞り,日本語の「経験」と「体験」を対比することを手がかりとしてみたい。

岡本慶一は,「同じ『体験』が個人個人で異なる『経験』になる場合がある」(岡本［2004］：p.205)と述べる。たとえば,同じイベントに参加(体験)したとしても,それがどのような「経験」となるかは個人または状況によって異なる。楽しい経験になることもあれば,つまらない経験に終わることもある。体調や精神状態が影響する部分も大きい。「体験」が客観的な性格をもつのに対し,「経験」には主観的な意味づけが加わる。

また,岡本は「厳密にいえば『体験』は提供できるが,『経験』は提供できない」(岡本［2004］：p.206)とも述べている。「体験」は作り手・送り手側が一方的にコントロールできるのに対して,「経験」は受け手側の何らかの主体性や参加(意味づけ)を必要とする。このような性格を備えた「経験」の価値は,カタログスペックとして表すことができる機能的価値や「基本価値」(**図表3-3**)とは異なり,一義的な尺度をもちえない。

小高尚子は,「経験価値」を基盤とする経済(経験経済)の特徴は演劇をモデルとしてビジネスが構想されている点だと指摘する。そこで求められるのは細やかな「演出」である。

> 企業が消費者に経験を提供するには,「生産」よりも「演出」というアプローチがふさわしい。何か出来上がったものを一方的に消費者に提供するのではなく,企業側が意図した経験を消費者にしてもらえるように「演出」すると考えるわけだ(小高［2000］：p.42)。

『経験経済』("The Experience Economy")を著したパイン＆ギルモアも,「新たに認められた経済価値である経験は,企業がサービスを舞台に,製品を小道具に使って,顧客を魅了するときに生ずる」(パイン＆ギルモア［2005］：p.28)と演劇になぞらえて述べている。

つまり,「経験価値」は,作り手・送り手側の細やかな演出と受け手側の参加(意味づけ)によって「共創」されるものだといえる。このよう

に考えるならば,「経験価値」を生むための演出は,「招き入れるブランド」だけでなく,「送り出すブランド」においても重要となるはずである。好きなアニメのキャラクターがパッケージに描かれた商品を購入するファンは,商品の購入・消費をとおして感動や共感といった「経験価値」を得ることを期待しているからである。

「ひいらぎし米」を購入する『らき☆すた』ファンは美味しいコシヒカリが欲しいわけではない。柊姉妹が暮らすとされる鷲宮で生産された「ひいらぎし米」というネーミングの米を,鷲宮で購入することに意味を見いだす。完璧とはいえないにしても,そこには『らき☆すた』ファンをくすぐる「演出」が存在している。

3 アニメコンテンツと地域イメージ

(1) 『ラグりん』と鴨川の事例

アニメコンテンツと地域イメージの関係を考える上で示唆に富むのが千葉県鴨川市とアニメ『輪廻のラグランジェ』(以下,『ラグりん』と表記)のケースである。千葉県鴨川市は房総半島南部に位置する人口約3.3万人の都市である。温暖な気候に恵まれ,観光業や医療サービスなどが基幹産業となっている。鴨川市を舞台のモデルとするアニメ『ラグりん』は,2012年1～3月に第1期(12話)が,2012年7～9月に第2期(12話)がテレビ放送された。『ラグりん』は,人助けを目的とする鴨川女子高校ジャージ部の部員である主人公・京乃まどかが,鴨川(地球)を守るために,(宇宙から来た)2人の少女とともにロボットに乗って,宇宙から襲来する敵と戦うという物語である。

鴨川市と『ラグりん』を有名にしたのは,第1期放送中の2012年3月に放送された「NHKクローズアップ現代 アニメを旅する若者たち"聖地巡礼"の舞台裏」である。この番組において,地域(自治体と住

民）が「聖地」化を目論んで作品の内容に関与し，ファンの反発を招いた例として取り上げられた。製作委員会と市民が作品の展開について話し合う様子や，地域がアニメ作品を政策的に活用することに対するネット掲示板の批判的な書き込みが紹介された。この番組によって，鴨川市と『ラグりん』の事例は「失敗例」であるというイメージが広がった。

最近でも，『君の名は。』の舞台のモデルとされる岐阜県飛騨地方への来訪者の増加を取り上げた記事において，「かつて千葉県鴨川市などが聖地になろうとアニメ制作にかかわったが，ファンに押しつけとみなされて失敗した」（『日経MJ』2016年11月9日）と槍玉に挙げられている。また，第6章で紹介する『ガルパン』のプロデューサーである杉山氏へのインタビュー記事（まつもと［2016］）が公開された際にも，「『ガルパン』と大洗」の「成功」と対比する形で，「『ラグりん』と鴨川」の「失敗」に触れるツイートが散見された。

もちろん，第1話（「ようこそ，鴨川へ！」）からseason2・第12話（「今日もまた，鴨川で」）までの24話すべてのサブタイトルに「鴨川」の文字が入っており，「鴨川推し」の作品と思われても仕方がない面はある。しかしながら，各種のコラボレーションは製作委員会の方針のもとで進んだものであり，少なくとも第1期については，地域側は受け身の立場であった。その意味で，上記の番組の内容が誤解を招くものであったことは否定できない。

マスメディアの報道によって「失敗事例」というイメージが生まれ，それがいまだにSNSや報道によって拡散している。事前に悪評を目にした者は，実際に『ラグりん』を視聴したり，鴨川を訪問したりしない可能性が高い。「体験」することなしに悪い「経験」が生じていることになる。アニメに関心をもつセグメントが少数であるにしても，「経験価値」はブランドの源泉である。正確とはいいがたい情報が鴨川の地域ブランドを毀損している側面がないとはいえない。

ここで筆者が知る限りでの鴨川の現状について紹介おきたい[7]。現在で

---

[7] 2016年11月に行った，「輪廻のラグランジェ鴨川推進委員会」委員長・岡野大和氏をはじめとする複数の関係者と鴨川市農水商工課の担当者への聞き取り調査に基づく。

も鴨川市内では『ラグりん』に関連するイベントが開催されており，30名ほどのコアなファンが，制作スタッフや地域関係者との交流を続けている。2012年に開催された「ラグりんまつり2012 in 鴨川」（輪廻のラグランジェ鴨川推進委員会主催）ではタイムカプセルの埋設と記念植樹を行い，作品の設定である2032年にタイムカプセルを開封する予定である。また，作品中に登場する「鴨川エナジー」という炭酸飲料は実際に商品化[8]され，鴨川市へのふるさと納税（「鴨川市ふるさぽーと寄附金」）の返礼品としても採用された実績（2016年4月～2018年1月）がある。

さらに，2015年10月には『ラグりん』の制作資料（レイアウト，原画，動画など）が制作会社であるXEBECから鴨川市に移設され，鴨川市郷土資料館・文化財センターが整理・分析を行っている（岡野・柿崎［2016］）。アニメ作品の制作資料が作品の舞台のモデルとなった地域へ移管されるという動きは非常に珍しい。これは，コンテンツ製作者と地域社会が信頼関係を築いていたからこそ実現した。

活動の持続性や放送終了後の制作会社との関係性といった基準で評価するならば，鴨川市と『ラグりん』に対する評価は大きく変わってこよう。そして，こうした取り組みが現在の評価を覆すことも十分に考えられる。「苦境からの脱却」は魅力的なストーリーとして広まりやすいからである。なお，この件については本書第7章でも取り上げる。

（2） アニメコンテンツと地域イメージの相互作用

以上のようなアニメコンテンツと地域イメージを分析するフレームワークとして，**図表3-1**を参考に作成したのが**図表3-5**である。地域資源と地域イメージの関係は**図表3-1**と同様である。地域資源が地域イメージを強化し，地域イメージが個々の地域資源の価値を高める状態が理想である。

他方，現実の地域を舞台（のモデル）とするアニメコンテンツには地

---

8 製造コストの問題で，ボトルの材質や形状は作中で登場するものとは異なる。

図表 3-5　アニメコンテンツと地域ブランド化の関係

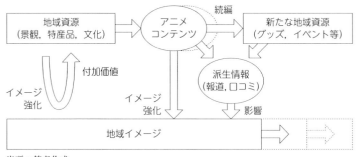

出所：筆者作成。

域資源が取り込まれている。町並みやランドマークを含む景観がその代表であるが，特産品（『ガルパン』における干し芋やあんこうなど）や伝統行事（『あの花』における龍勢など）が効果的に使われることもある。アニメ作品に登場した地域資源が地域イメージを強化したり，作品関連のグッズやイベントがファンの行動（探訪，購入，参加）の対象となったりする。

　また，アニメコンテンツに特有の要素として派生情報を加えた。ここには，作品に関連して発信される各種メディアによる報道からSNSやブログによる情報，個人間での会話などが広く含まれる。鴨川の例でもわかるように，アニメに関心をもつ限定的なセグメント内での情報が，テレビや新聞といったマスメディアで取り上げられると，広く一般層にも伝わり，作品のみならず地域イメージにも影響を与える。

　この図をもとに考えると，アニメ作品の舞台となった地域は2つの物語を生み出すことになる。すなわち，アニメコンテンツそのものと，アニメコンテンツに関連して派生する情報である。1つ目の物語を創るためには，現実の地域資源の魅力と，コンテンツ製作者との関係構築（制作協力）が不可欠である。2つ目の「物語」は，コンテンツ製作者，ファン，地域住民，メディアが複合的にかかわる形で創り出される。作品に登場するスポットに関する情報や来訪者の体験，制作の裏話などあらゆ

る情報が個人による情報発信やマスメディアの報道によって拡散し，作品や地域イメージに影響を与える。派生情報をコントロールすることは難しいが，地域として注意を払うべき問題の1つである。

4 アニメコンテンツを活用した地域ブランディングにおける課題

(1) アニメコンテンツは地域産品か

　本節では，アニメコンテンツによる地域ブランディングを巡る課題について考える。最初に注目するのは商品としてのアニメコンテンツである。地域が自前の経営資源を用いてアニメ制作を行うことは非常に難しい。基本的に大多数の地域はコンテンツ製作者から作品の舞台として選ばれることを待つ受動的な立場である。求人情報提供サービスなどを展開するディップ株式会社が運営する『聖地巡礼マップ』（2016年時点）によると，約5,000ヶ所の「聖地」（作品のロケ地）のほぼ3割にあたる1,712件が東京都に存在する。2位の神奈川県（371件）と比べても圧倒的に多い。一方，45位の愛媛県は7件，46位の佐賀県は6件，最も少ない宮崎県は3件にとどまる。

　こうした傾向を生み出す要因の1つが，アニメ制作会社の立地である。日本動画協会が，2016年時点のアニメ制作会社の本社所在地を調査している（日本動画協会［2016］：pp.71-74）。調査対象は，企画・制作，脚本，演出，原画，動画，CG，背景・美術，特殊効果，撮影，編集などに携わるアニメ制作会社であり，パッケージメーカーや音響・音声制作会社は含まれていない。また，本社所在地のデータであるため，子会社は集計されるが，地方に開設したスタジオは対象外である。

　この調査によると，合計622社（元請制作会社141社，その他制作会社481社）のうち542社（87.1%）が東京都内に立地している。埼玉県21社，大阪府12社，神奈川県11社と続き，11県が1社のみ，22県は

0社である。都内の立地状況を市区別にみると，杉並区138社（全体の22.2％）と練馬区103社（16.6％）が多く，以下，西東京市37社，武蔵野市31社，中野区30社の順である。

このデータは本社所在地のみの集計であり，また，各企業の影響力も考慮していないが，アニメ制作会社が東京都の一部の市区に偏在していることがわかる。一般論としては，制作費や制作スケジュールの問題から，制作会社の所在地に近い場所がロケ地として選ばれる傾向が強い。加えて，コンテンツビジネスは市場予測が難しいという特徴をもつ（浜野［2003］：p.32）。地方の市町村が思いがけない幸運に巡り合う確率は低いといわざるを得ない。

（2） ブランディングマネジメントの難しさ

『らき☆すた』の町として知られる鷲宮であるが，住民全員がそのことに納得しているわけではない。筆者が鷲宮商工会（当時）の会員を対象として2012年10月に実施した質問紙調査において，少数ではあるが，厳しい意見もみられた。たとえば，「関東最古の鷲宮神社にセーラー服を着た若い青年がたむろし，異様な雰囲気が醸し出されています。ごく少数の若者に迎合する企画は町の活性化には1つも役に立っていません」といった内容である（大谷［2013］）。この会員は，歴史や文学を意識した地域づくりを望んでいる。このような考えをもつ住民にとっては，鷲宮神社で『らき☆すた』ファンが「痛絵馬」を奉納したり，コスプレをしたりすることは受け入れがたいのである。

この問題についてブランディングマネジメントの観点から考えてみたい。小林哲は「地域空間ブランディング」の特徴として次の3点を指摘している（小林［2016］：pp.83-85）。第一にブランド付与対象となる地域の多様性と多義性である。地域概念（地名が指示する空間的範囲）が不明確で，同じ場所に対しても人によって求めるものが異なる。第二にブランドとしての地域の公共性である。そのため，地名の独占的使用は認められていない。第三に地域空間ブランディング主体の多様性と不確定

性である。ブランディングの主体が複数存在するため，統制をとりにくい。小林の指摘は主に一次産品や食を念頭に置いたものであるが，アニメコンテンツの場合にもほぼ同様の特徴があてはまる。

　これらの中で特に重要な特徴が，地域の多義性である。主体によって空間に対する意味づけが異なる。同じ空間が，コンテンツ製作者にとってはロケ地であり，ファンにとっては作品の舞台（時に「聖地」）であり，住民にとっては居住地である。作品の舞台として観ようとするアニメファンと，日常生活の場として捉える住民とでは主観的な風景が異なる。多様な主体や関係者が存在する状況において，アニメコンテンツによって地域イメージを形成することは容易ではない。こうした地域空間ブランディングの難しさについても意識しておく必要がある。

5　物語と共創による地域ブランディング

　アニメファンは視聴以外の方法で作品を楽しむためにその舞台を探訪する。しかし，探訪体験が良い「経験」につながるとは限らない。「経験」は主観的かつ状況依存的な性格をもつからである。では，作品の舞台を訪れるアニメファンの経験価値はいかにして高まるのだろうか。福田敏彦が述べる物語の機能を手がかりとしてみたい。

> メタファーを使えば，物語とは，世界を理解するために精神にかけるメガネのようなものである。これをかけることによってはじめて，人間は行為や出来事のつながり，因果関係をナルホドと納得でき，それをスリルや笑いや感動を持って受け止めることができる。このメガネがなければ，出来事は何の脈絡もない，無味乾燥な事実の羅列になってしまう（福田［1990］：p.19）。

　『らき☆すた』を知らない者にとっては，鷲宮は，古い神社がある東京

近郊の小さな町に過ぎない。ファンは「物語」（『らき☆すた』）という「精神のメガネ」をかけて現実の風景や産物を見立て，物語世界に入り込んだような感覚を味わう。一般的には，これがアニメツーリズムの大きな魅力とされる。

　しかし，本書第Ⅱ部の事例をみる限り，作品の舞台を訪れるファンにとっての魅力はそれだけにとどまらない。舞台地でのリアルなコミュニケーションがもたらす価値も非常に大きい。コミュニケーションの相手は，地域住民やファン同士，製作関係者などである。それが何気ないやりとりであったとしても，人によっては大きな経験価値を生む。この点にこそ，「鷲宮・らき☆すたエクスペリエンス」「秩父・あの花エクスペリエンス」「大洗・ガルパンエクスペリエンス」の本質があるように思う。現実のコミュニケーションから生まれたもう１つの「物語」はオリジナルの物語と相まって，新たな「精神のメガネ」を創る。

　このように考えれば，アニメコンテンツをきっかけとした地域ブランディングにおいて大きな役割を果たすのはファンと地域社会だということができる。もちろん，「呼び水」としてのコンテンツは不可欠である。しかし，重要なのはその後に生じる観光行動や現地での経験である。物語と結びついた現実世界での印象的な経験は，舞台地の地域資源や空間そのものに対する愛着を高める。これは和田充夫が述べる「観念価値」であり，「生活の豊かさ演出部分の製品カテゴリー」においては最重要の価値とされる（**図表3-3**）。

　作品の舞台はファンにとって特別な場所である。その意味で，コンテンツ製作者が現実空間をモデルとして作品を創り出した時点で地域ブランドの種は蒔かれているといえる。種子を発芽させる条件は複数あるだろうが，とりわけ大きい要素が地域住民とファンの「共創力」ではないかと筆者は考えている。第Ⅱ部では，こうした問題意識をもって，鷲宮，秩父，大洗の事例を整理する。

（大谷尚之）

第 II 部
事 例 編

図表扉-2　2016 年の龍勢祭のポスター
ⓒ ANOHANA PROJECT
画像提供：秩父アニメツーリズム実行委員会

　『あの花』のストーリーにおいて重要な役割を果たす「龍勢」は，秩父市吉田地区の伝統文化である（第 5 章参照）。近年では，龍勢祭の誘客ポスターに『あの花』の描きおろしイラストが使われている。優れた地域資源と良い作品は，現実と物語の間で往還運動を生み出す。（大谷）

図表 0-2　第Ⅱ部の事例の概要（再掲）

	埼玉県鷲宮(久喜市鷲宮)	埼玉県秩父市	茨城県大洗町
人口（平成27年国勢調査）	約3.8万人（旧鷲宮町）	約6.4万人	約1.7万人
作品	らき☆すた	あの日見た花の名前を僕達はまだ知らない。（あの花）	ガールズ＆パンツァー（ガルパン）
原作	美水かがみ作『らき☆すた』（4コマ漫画）	オリジナル作品	オリジナル作品
テレビ放送時期	2007年4〜9月（全24話）	2011年4〜6月（全11話）	2012年10〜12月，2013年3月（全12話＋総集編2話）
テレビアニメの製作者（①製作委員会と②アニメーション制作会社）	①らっきー☆ぱらだいす（角川書店，京都アニメーション，クロックワークスなど）②京都アニメーション	①「あの花」製作委員会（アニプレックス，フジテレビジョン，電通）②A-1 Pictures	① GIRLS und PANZER Projekt（バンダイビジュアル，ランティス，博報堂DYメディアパートナーズ，ショウゲートなど）②アクタス
地域とコンテンツ製作者の最初のコンタクト	2007年9月（放送開始後），商工会事務局から製作者へグッズ製作に関する相談。	2010年11月（制作中），製作者から鉄道会社を通じて市役所へ制作に関する相談。	2011年8〜9月（制作前），製作者から町内有力者を通じて地元関係者へ制作協力を要請。
地域の中心組織	久喜市商工会鷲宮支所の経営指導員（スタート時2名，現在1名）→10数名の自主グループ発足	秩父アニメツーリズム実行委員会（秩父市，西武鉄道，秩父鉄道，秩父商工会議所など11団体）	「コソコソ作戦本部」（地元関係者，製作会社担当者など10数名の自主グループ）
ポイント（論点）	●迅速かつ柔軟な対応力 ●ファンとのコミュニケーション	●配慮ある関係づくり ●作品と現実世界の融合	●権限と楽しさの両立 ●地域住民のホスピタリティ

出所：「政府統計の総合窓口（e-Stat）」（http://www.e-stat.go.jp/），各種資料，聞き取り調査などを基に筆者作成。

埼玉県鷲宮と『らき☆すた』

1 概要と現状

(1) 概 要

　「アニメ聖地」ないしは「アニメ聖地巡礼」という言葉を広く世に知らしめたのが，アニメ『らき☆すた』の舞台のモデルとなった埼玉県久喜市鷲宮（以下，「鷲宮」と表記）である。鷲宮では，地域社会と『らき☆すた』ファンが独特の関係を作り上げ，注目を集めた。本章では，商工会職員を中心とする地域の関係者とファン，コンテンツ製作者の関係構築に着目して，鷲宮の先駆的な取り組みを振り返る。

　鷲宮町は，2010年3月に隣接する久喜市，栗橋町，菖蒲町と合併して久喜市鷲宮となった。合併前は，人口約3.4万人の小さな町であった（「平成17年国勢調査」）。鷲宮（わしのみや）という地名は，一説には関東最古ともいわれる鷲宮神社に由来する。鷲宮神社の祭礼で奉演される「土師一流催馬楽神楽」（通称「鷲宮催馬楽神楽」）は，関東神楽の源流といわれ，1976年に重要無形民俗文化財に指定されている。

　鷲宮を一躍有名にしたのは，テレビアニメ『らき☆すた』とそれに関連して町内で展開された活動である。アニメの原作となった『らき☆すた』は美水かがみ作の4コマ漫画である。女子高生4人のありふれた日常生活が描かれ，「空気系」や「日常系」と呼ばれる作品群の代表作の1つとされる。テレビアニメ『らき☆すた』は，2007年4～9月に，チバテレビやテレビ埼玉など独立UHF局を中心に全国16局で全24話が放送された。アニメーション制作を担当したのは京都アニメーションで

ある。

　作品は好評を博し，主要キャラクター4人（泉こなた，柊かがみ，柊つかさ，高良みゆき）が歌ったオープニング曲「もってけ！　セーラーふく」はオリコン週間シングルランキングで初登場2位を記録した。2008年3月に開催された第二回声優アワードにおいては，泉こなた役の平野綾氏が主演女優賞を，柊かがみ役の加藤英美里氏が新人女優賞を，主要キャラクター4人がオープニングソングで歌唱賞をそれぞれ受賞している。また，『このアニメがすごい！　2008』（宝島社）の「このアニメがすごい大賞」で第1位に選定された。

　原作の4コマ漫画では，特定の地域が舞台として設定されることはなかったが，テレビアニメでは鷲宮をはじめ，春日部市や幸手市，さいたま市大宮など埼玉県内の実在の地域が背景として使われた。主要キャラクターである双子の柊かがみ・つかさ姉妹は，鷲宮神社をモデルとする「鷹宮神社」の神主の娘で，家族とともに神社境内で暮らしているという設定である。

　2007年4月にテレビ放送がスタートすると，ロケ地を知ったファンが鷲宮神社を訪れ始めた。その一方，住民のほとんどは，自分たちの町がアニメ作品の舞台のモデルとなっていることを知らなかった。後述するように，地域側が事情を把握して動き出すのは2007年7月からである。

（2）　初期の動向

　山村［2008］は，鷲宮における初期の動向を，①受け入れ土壌整備期（〜2007年4月），②ファン主導期（2007年4月〜2007年9月），③角川書店主導期（2007年9月〜2007年12月），④商工会主導・商店参加期（2007年12月〜2008年3月），⑤地域主導期（2008年3月〜）の5期に分けて整理している。本項では，コンテンツ製作者，地域社会，ファンが手探りで関係を構築した初期の経緯を簡単に整理する。なお，本節で取り上げる主な出来事に関して**図表4-1**に整理した。

図表4-1　鷲宮における『らき☆すた』関連の取り組み (一部)

年　月	主な出来事
2003年12月	『コンプティーク』(角川書店)に4コママンガ「らき☆すた」連載開始。
2007年 4月	テレビアニメ「らき☆すた」放送開始 (～2007年9月)。
2007年 5月	同人誌『おっかけ!セーラーふく』においてアニメのロケ地が紹介される。
2007年 7月	『月刊ニュータイプ』(角川書店)の付録においてアニメのロケ地が紹介される。
	産経新聞社の取材をきっかけとして，鷲宮町商工会事務局の経営指導員が鷲宮神社の来訪者にインタビュー。
2007年 9月	鷲宮町商工会事務局の経営指導員が，角川書店とコンタクトをとり，企画を提案。
2007年12月	「『らき☆すた』のブランチ&公式参拝 in 鷲宮」開催。
	桐絵馬型携帯ストラップを第一次販売 (～第四次販売)。
2008年 4月	「らき☆すた」の登場人物，柊一家を鷲宮町が特別住民登録し，「鷲宮町特別住民票交付式」を開催。
	「らき☆すた飲食店スタンプラリー」開催 (～2008年9月)。
2008年 9月	特別住民票の売上を原資として鷲宮町が神社通り商店街に街路灯40基を新設。
	土師祭に「らき☆すた」神輿登場 (～2017年9月，2019年以降は未定)。
2009年10月	鷲宮町商工会・幸手市商工会共同スタンプラリー「らっきー☆すたんぷらりー」開催 (～2010年12月)。
2010年 3月	鷲宮町，久喜市，菖蒲町，栗橋町が新設合併し，(新)久喜市誕生。それに伴い，鷲宮町商工会から鷲宮商工会へ改称。
2010年 6月	上海万博にて「らき☆すた神輿」展示。
2010年11月	「オタ婚活 鷲宮出会い編～三次元の君に届け～」(鷲宮商工会青年部主催)開催 (オタ婚活は2013年10月までに16回開催)。
2011年 5月	半径100mの範囲で受信可能なミニFM放送局「ラジオ鷲宮」放送開始。
2011年 7月	柊姉妹誕生日イベント初開催 (現在も継続中)。
2013年 5月	芋掘り体験イベント「俺の植えた芋がこんなに美味いわけがない」(鷲宮商工会青年部主催)初開催 (現在も継続中)。
2013年12月	商工会合併に伴い，鷲宮商工会は久喜市商工会鷲宮支所へ移行。
2014年 4月	オタク向け部活動「オタ部活・野球部～オタクでもできます～」(鷲宮商工会青年部主催)始動 (現在は自主活動として継続中)。

出所：久喜市商工会鷲宮支所 [2017] や聞き取り調査を基に筆者作成。

❶ 受け入れ土壌整備期：～2007年4月

　原作の4コマ漫画が角川書店のゲーム雑誌に掲載されていたものの，鷲宮を訪れるファンはほとんどいなかった。原作の漫画においては具体的な舞台設定がなされていなかったからである。ファンが訪れるようになるのは，鷲宮神社が背景として描かれたテレビアニメの放送開始後である。

　この時期の重要な出来事は，後にアニメのオープニング映像で登場することになる鷲宮神社前の「大酉茶屋」が開店したことである。旧鷲宮町は鷲宮神社の門前町として発展してきたが，時代の流れの中で商店街は疲弊していた。また，鷲宮神社は参拝客の多い神社であったにもかかわらず，周辺に良い立ち寄り場所がなかった。そのため，神社は休憩スポットの設置について鷲宮町商工会に相談していた。こうした経緯があり，2004年4月，鷲宮神社の鳥居前にあった築100年以上の古民家を休憩所に改修する事業が立ち上がった。商工会[1]はこの事業のために約600万円の予算を確保し，商工会青年部がボランティアで改修作業を行った。商工会の直営店「大酉茶屋」が開店したのは2005年3月である。大酉茶屋は，後に『らき☆すた』に関連するイベントや，キャラクターにちなんだ限定食事メニューの開発・提供などで重要な役割を果たす。

❷ ファン主導期：2007年4月～2007年9月

　テレビアニメ『らき☆すた』の放送が2007年4月にスタートした。オープニングアニメーションにおいて，鷲宮神社（作中では「鷹宮神社」）の鳥居と大酉茶屋が，主要キャラクターである柊かがみとともに登場した。その場面はわずか数秒だったにもかかわらず，遊び心溢れるオープニングソング，曲に合わせて細かく動くキャラクターのダンス，緻密な背景描写などが相まって，ファンに強い印象を与えた。

　そして，放送開始直後から，『らき☆すた』のロケ地が鷲宮神社である

---

[1] 本章で「商工会」と表記した場合には，2010年2月以前は鷲宮町商工会を，2010年3月～2013年11月は鷲宮商工会を，2013年12月以降は商工会合併後の久喜市商工会鷲宮支所を指す。

ことを探りあてたファンが現地を訪れ始めた。当初は，神社を訪れ，ひっそりと写真を撮って帰って行くパターンが多かった。2007年5月には同人誌上において，同年7月には角川書店発行のアニメ雑誌『月刊ニュータイプ』8月号の付録「らき☆すた的遠足のしおり」（両面ポスター）において，アニメ版『らき☆すた』の舞台が紹介された。これを契機に鷲宮神社を訪問するファンが急増し，キャラクターを描いた絵馬（「痛絵馬」）を奉納したり，アニメのオープニング映像と同じ構図で神社の鳥居と大西茶屋を撮影したりする様子が多くみられるようになった。

こうした動きに対して，2007年7月，隣接する久喜市在住者が開設するホームページに「オタクの人が鷲宮神社に集まっていて，近隣住民として治安が心配」[2]という趣旨の書き込みが掲載された。これをみた産経新聞社はその真偽を確認するため商工会に取材を行った。対応した商工会事務局の経営指導員（坂田庄巳氏・松本真治氏）は，この取材をとおして鷲宮神社が『らき☆すた』の舞台のモデルになっていることを知った。

すぐさま，坂田・松本両氏は，神社へ来ていたファンに聞き取りを行った。そして，聞き取りを進めていくうちに，「せっかく来てくれているのに鷲宮にはお土産がない。ファンのために何かできないだろうか。大西茶屋でお土産を売ったらどうだろうか」と考えるようになった。そこで，ファンの意見も踏まえて考案した「聖地巡礼」の焼印を押した饅頭を大西茶屋に置いたところ，1週間に50個が売れたという[3]。

このように，テレビ放送開始後，先駆的なファンが鷲宮神社を訪れるようになり，その様子がメディアで報道されて，鷲宮が『らき☆すた』の舞台として認識されるようになった。この時期に，商工会事務局職員がファンとコミュニケーションをとったことが，後の関係づくりにつながった。

---

[2] 「オタクが集まる鷲宮神社」（2007年7月19日）『我ら久喜市民のHP』（2008年6月6日閲覧，現在は閲覧できない）。
[3] 『東京新聞』2008年4月30日。

❸ 角川書店主導期：2007年9月～2007年12月

　2007年9月，商工会事務局の坂田・松本両氏は，作品の権利者である角川書店に，「鷲宮町としてお土産になるようなグッズを出したい」と問い合わせた。すると，角川書店から「企画を出して欲しい」という反応があったため，彼らは思いつく限りの企画を準備して，同年10月に商工会副会長とともに角川書店本社を訪問した。その席上，大酉茶屋でのブランチと鷲宮神社参拝を併せたファン向けイベントを開催してはどうかと角川書店から逆提案があり，商工会はこの提案を受け入れることを決断した。角川書店が提示したイベント開催希望日には，商工会の別の行事が入っていたものの，この機を逃すと次の機会はないだろうとの判断から実施に踏み切った。

　こうして2007年12月2日，「『らき☆すた』のブランチ＆公式参拝in鷲宮」と題するイベントが大酉茶屋ならびに鷲宮神社において開催された。このイベントは，『らき☆すた』の製作委員会である「らっきー☆ぱらだいす」が企画，鷲宮町商工会・鷲宮町商工会青年部が主催，4人の声優と原作者の美水かがみ氏が参加する形で行われた。また，ファン10数人がボランティアで会場整理などに協力した。当日は，ランチタイムに大酉茶屋でファン向けの特別メニューを提供し，4人の声優が配膳やレジ打ちを担当した。その後，柊姉妹役の2人の声優の案内で，他の2人の声優とファンが鷲宮神社を参拝した。予想を大きく超える3,500人が参加し，イベントは大盛況のうちに終了した。

　このイベントに対する苦情は1，2件しかなく，住民の多くが，ファンは紳士的でマナーが良いとの印象をもったという（鷲宮①）。また，NHKをはじめとするマスコミがこのイベントを好意的に報道したことで，ファンのマナーがさらに改善されるという変化もみられた。

❹ 商工会主導・商店参加期：2007年12月～2008年3月

　イベント開催と並行して商工会が取り組んだのがオリジナルグッズの開発である。ファンの意見も参考にして，「桐絵馬形携帯ストラップ」を製作した。これは『らき☆すた』のキャラクターが描かれた小さな桐製

の絵馬を携帯ストラップとしてアレンジしたものである。製造は桐製品（桐箪笥，桐箱）を地場産業とする春日部市の桐箪笥メーカーに依頼した。全11種類を1個630円で販売することに決まったが，当初は販売を希望する店舗がうまく集まらなかった。そこで，売れ残りはすべて商工会が実費で引き取るという条件で一次販売の17店舗を集めた。

　ところが，このストラップを，前述した「『らき☆すた』のブランチ＆公式参拝in鷲宮」の特設テントで販売したところ，2,200個が即日完売した。翌日に町内17店舗で行った一般向け販売でも，開店30分で用意していた1,000個が完売するという驚異的な売れ行きを示した。その結果，同年12月からの二次販売では43店舗が，2008年2月からの三次販売では60店舗が販売に参加した。二次販売では3,000個が開店1時間で完売，三次販売では8,500個が約1週間で完売した。特筆すべきことは，1店舗で販売できるストラップを11種類中2種類に限定したことである。全11種類を集めたいファンは複数の店舗で購入する必要があり，店舗を巡ることがゲーム的に盛り上がるという効果を生んだ。

　また，商工会では，2007年12月2日のイベントに合わせて，歳末大売出し「らっきー☆ちゃんす」を12月1日〜9日に開催した。『らき☆すた』キャラクターをあしらった当たりくじつきスクラッチカードを，500円以上の買い物につき1枚配布し，はずれ券にもキャラクターが入った「レア」はずれを4種設定した。カードそのものに付加価値をつけたことから評判となり，セールの売り上げは前年比5割増を記録した。さらに2008年3月30日〜4月6日には，隣接する幸手市の商工会と共同でファン対象の売出しイベント「ラッキー☆SALE」を開催した。鷲宮町だけで13,000枚のスクラッチカードを配布し，約650万円を売り上げた。

　こうした取り組みもあって，多くのファンが鷲宮を訪れるようになった。一例として鷲宮神社の初詣客数をみると，2008年には前年比17万人増の30万人を記録した（**図表4-2**）。2011年以降は47万人を維持しており，この数字は，埼玉県内ではさいたま市大宮の氷川神社に次ぐ客数である。

図表 4-2 鷲宮神社の初詣客数

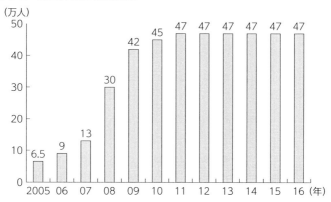

出所：関係者への聞き取り調査により作成。
注：初詣客数は関係者による概算。なお、2007年の客数を9万人とする資料もある。

◉ 地域主導期：2008年3月～

　2008年4月6日、商工会企画・主催によるファン参加型イベント「大酉茶屋3周年市『らき☆すた』感謝祭」が開催され、参加者総数4,000人を記録した。イベントの準備と並行して、商工会は『らき☆すた』登場人物の特別住民登録を鷲宮町役場（当時）に提案し、柊かがみ・つかさと、その父、母、姉2人の計6名が特別住民登録された。イベントでは、午前の部で「鷲宮町特別住民票交付式」が行われ、柊かがみ・つかさ役の声優に対して町長から「特別住民票」が授与された。この住民票は単価、デザイン、頒布枚数等について、商工会が町にアドバイスする形で制作された。式典の後には、ファン向けの特別住民票先行頒布が行われた[4]。午後の部では会場を鷲宮神社境内に移し、鷲宮高校吹奏楽部によるアニメのテーマソングの演奏、声優とファンによるゲーム大会などが行われた。

　また、このイベントの開催に合わせる形で、2008年4月から町内12店の飲食店が参加して「らき☆すた飲食店スタンプラリー」が開催さ

---

[4] イベント時の先行頒布に続き、翌7日からは一般頒布が行われた。1枚300円（専用クリアケース付）で合計1万枚が販売された。

た。各店舗で特別メニューを注文すると押印されるスタンプを全12店分集めるとオリジナルグッズがもらえるという企画である。

他方で、この時期には、権利者である角川書店との関係に変化が生じた。角川書店は商工会との取り組みを実験的なものとして位置づけ、2007年9月以降、著作権に関して特例的な配慮を行ってきたが、2008年4月からは通常の取り扱いとなった[5]。お互いに手探りで模索していた状態から、通常のビジネスベースの体制へと変わった。

こうした背景もあり、商工会としては、スタンプラリーのように継続的なイベントを通じて、『らき☆すた』のファンから店のファン、そして町のファンへと移行して欲しいと考えた（鷲宮①）。商工会が核となり、町内の商店・飲食店の参画をともないつつ、行政や地元住民の協力を得ながら、長期的視野に立って地域全体で町を盛り上げようという気運が高まったのがこの時期である。

(3) その後の展開

前項でみたとおり、初期の鷲宮では、商工会を核として、地域の事業主、コンテンツ製作者、ファンを巻き込む形で関係構築が進んだ。現在では、スタートから10年が経過し、新たな動きが生じている。端的にいえば、『らき☆すた』という特定のコンテンツに限定せず、アニメファン（オタク）全般を意識した交流活動が展開されている。ここでは、ファンと商工会事務局によるいくつかの活動を紹介しながら、そうした変化を確認していきたい。

❶ らき☆すた神輿

毎年9月に、鷲宮神社境内に収蔵されている千貫神輿の渡御祭である「土師祭」が開催される[6]。2008年の夏、土師祭の主催者である土師祭輿

---

[5] 久喜市商工会の松本真治氏によると、「特例的な配慮」といっても明確な取り決めがあったわけではなく、通常の取り扱いに変わった際に、それ以前が異例の対応だったことに気づいたという（鷲宮⑦）。

図表 4-3 「らき☆すた神輿」

写真提供：久喜市商工会鷲宮支所

曾からの働きかけによって，地元住民と『らき☆すた』ファンが協力して「らき☆すた神輿」を製作した。『らき☆すた』のキャラクターが描かれた布で覆った二段の櫓を，内側から照明で照らす形式の神輿である（図表 4-3）。担ぎ手は，商工会事務局がwebサイトなどで毎年募集しており，全国から『らき☆すた』ファン約150名が担ぎ手として集まる。「らき☆すた神輿」の成功によって，町内における『らき☆すた』とそのファンに対する評価が定まったといわれる（鷲宮③，鷲宮⑤）。

神輿に『らき☆すた』のキャラクターを描いたのはファンのM氏である[7]。M氏は毎週のように鷲宮神社に参拝して，『らき☆すた』や自作のキャラクターを描いた絵馬を奉納しており，ファンや地元住民の間でよく知られた存在であった。また，「らき☆すた神輿」は，経済産業省からの依頼を受け，上海万博において開催された日本のポップカルチャーを紹介するイベント「コ・フェスタ IN 上海」（2010年6月）にも出演している。その際，ファンと地元住民のカンパによりM氏も同行している。

土師祭においては「らき☆すた神輿」以外にも，2010年より「WOTAKOI ソーラン」，2012年より「オタクニカルパレード」といっ

---

6 主催団体である土師祭輿曾会長の逝去を悼み，2018年の土師祭は中止となった。それに代わって2018年7月に開催された鷲宮地区の夏の例祭「八坂祭」において「らき☆すた神輿」が披露された。
7 櫓の二段目が増設されたのは2009年からである。なお，『らき☆すた』神輿の製作と渡御の様子を記録したドキュメンタリー番組が，2009年10月にフジテレビで放送されている。「NONFIX オタクと町が萌えた夏」である。

たサブカル系のイベントが開催されている。「WOTAKOI ソーラン」は，アニソンに合わせてファンが独特の「オタ芸」を踊る（打つ）イベント，「オタクニカルパレード」は移動ステージやコスプレイヤーのパレードである。

❽ オタ婚活

2010年11月，鷲宮商工会青年部主催で，オタク限定の婚活パーティ「オタ婚活鷲宮出会い編〜三次元の君に届け〜」が開催された。男女各20名の定員に対して，男性386名，女性115名の応募者が殺到し，話題となった。続いて，2011年7月に「第2回オタ婚活鷲宮学園編〜趣味ばかりの君たちへ〜」，2011年12月に「第3回オタ婚活コスプレ編〜あの日見た君の素顔を僕はまだ知らない〜」が開催された。2013年11月以降は開催実績がないものの，これまでに計16回開催されている（久喜市商工会鷲宮支所［2017］）。

オタ婚活は単なるお見合いではない。「第6回オタ婚活料理教室編〜クッキングオタ〜」（2012年7月），「第7回オタ婚活カラオケ編〜アニソン in SHIDAX オタクのためだから〜」（2012年7月），「第10回オタ婚活お面舞踏会編〜オタの奇妙な婚活〜」（2012年10月）など，趣向を凝らした企画が多い。参加者同士が共通の趣味をもっていることもあり，高い確率でカップルが成立している。たとえば，第1回の「オタ婚活鷲宮出会い編」は20組中7組のカップル成立，「第4回オタ婚活ワンコイン編」は54組中25組のカップル成立，「第10回オタ婚活お面舞踏会編」は男性9名，女性8名の参加で4組のカップルが成立している。

その後，2013年4月には，「婚活は重い」との声に応える形で，「第1回オタ友活フレンド編〜僕は友達を作りたい〜」を開催し，男女16名が交流を楽しんだ。「オタ婚活」，「オタ友活」とも，『らき☆すた』に限定されないサブカルチャーを共通の話題とした人的交流であり，よりリアルな交流体験にウェイトが移りつつある様子がうかがえる。

⑥ オタ部活野球部

　2014年4月,オタク向けの部活動「オタ部活・野球部〜オタクでもできます〜」が始動した(**図表4-4**)。久喜市商工会の松本真治氏によると,「婚活」に続く「○活」を考える中で,「部活」に思いあたったという(鷲宮⑥)。当初は久喜市商工会青年部鷲宮支部が企画する活動として始まり,2016年5月からは,部員側の希望により自主運営の形で継続中である。活動の目的は,鷲宮を定期的に訪れる機会づくり,鷲宮での仲間づくり,運動不足の解消などである。

　入部条件は**図表4-5**のとおりである。野球は目的ではなく,あくまで

図表4-4　オタ部活野球部の案内

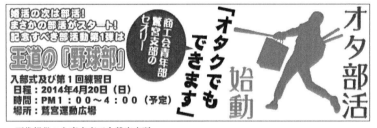

画像提供:久喜市商工会鷲宮支所

図表4-5　「オタ部活・野球部」の入部条件

年　齢	20歳以上
性　別	不問
対　象	以下のいずれかに当てはまる方
	①オタクな方
	②マンガ・アニメ・ゲーム・コスプレなどが好きな方
	③マンガ・アニメ・ゲーム・コスプレなどに理解のある方
	④野球の好きな方,初心者,自信のない方大歓迎
	⑤野球に自信がある方,経験者の方は,初心者や自信のない方に対して優しい人
	※初心者・未経験者・自信のない人が活躍できる部活です。

出所:松本真治「アニメ作品を活かしたまちおこし〜『らき☆すた』の舞台・埼玉県鷲宮の取組み〜」(愛媛大学人文学会公開講演会,2015年12月8日開催)における講演資料より。

も交流のための手段である。初心者が多く，県外在住の部員も複数参加している。地元の草野球チームに所属する松本氏がコーチを務め，月に数回，夜間や休日に練習に励んでいる。これまでに商工会青年部チームや角川書店の草野球チームなどと試合を行い，「特別ルール」を適用して，熱戦を繰り広げた。松本氏によると，「オタ部活・野球部」の活動は多くの部員にとってかけがえのないものになっているという（鷲宮⑥）。

野球部の他にも，交流を目的とする活動として芋堀りイベント「俺の植えた芋がこんなに美味いわけがない」やオタクのための運動会イベント「萌☆輪ぴっく」などが開催されている。

2 コンテンツ製作者・ファン・地域社会の関係構築

(1) コンテンツ製作者との関係

地域がアニメ作品を活用しようと考えたときに課題となるのが，著作権の問題である。本事例の主たる権利者は，漫画『らき☆すた』は美水かがみ氏（原作者）と角川書店（出版元），アニメ『らき☆すた』は美水かがみ氏と「らっきー☆ぱらだいす」（製作委員会）である。

前述したように，商工会の担当者はテレビ放送開始後に権利者である角川書店とコンタクトをとった。商工会にとっても，角川書店にとっても初めてのことであり，互いに手探りで進んだ。その過程で，角川書店はこの件を「まちおこしへの協力」「宣伝広告」と実験的に位置づけ，2008年3月まで著作権に関して極めて柔軟な対応をとった。

商工会も角川書店の姿勢に応えた。民間企業である角川書店に配慮し，イベント開催やグッズ販売が，原作とアニメ作品のイメージ向上，ファンへの話題提供，角川書店出版物の売り上げ増加につながるよう努めた（鷲宮①）。たとえば，2008年に発売された『らき☆すた』関連雑誌のプレゼント企画に対して，商工会は合計2,000個のストラップを提

供している。現在も，『らき☆すた』に関するイベント開催やグッズ販売が続いているのは，こうした経緯の中で著作権者との信頼関係が構築されたためである。

(2) ファンとの関係

「オタク」という呼び方に対して悪い印象を抱く人も少なくないだろう。しかし，鷲宮の場合は「オタ婚活」や「WOTAKOI（ヲタコイ）ソーラン」など，親しみを込めてあえて使っている。鷲宮町商工会（当時）の坂田氏と秩父商工会議所の黒澤氏の対談でのやりとりは，本章と第5章の事例（秩父市と『あの花』）を考える上で興味深い切り口を提供してくれる。

　　―訪れるファンはどんな人たちですか。
　　坂田さん　基本的にオタクですね。性別は圧倒的に男性です。女性は来てもオタクな子ですね。鷲宮はジャンルは問いません。
　　黒澤さん　うちはカップルも多く，女性だけのグループも少なくありません。もちろんアニメファンもたくさん来ていますが，オタクという言葉は使わないようにしています。ファンからは世界観を大切にしてほしいと言われますね。秩父ではアニメに出てくる舞台と現実の世界を両方楽しんでもらっています。
　　坂田さん　食べるものも，見るものもあるのはうらやましいですね。うちはあえて，オタクという言葉を使っています。親しみを込めてです。オタ婚活とかね（『埼玉新聞』2011年12月31日）。

作品の性格の違いもさることながら，鷲宮の場合，地域社会とファンが積極的にコミュニケーションを図り，対等の立場で深い（濃い）関係を構築してきた。初期の頃からファン（オタク）はイベント後の清掃活動などを行っており，現在でも，2011年5月に開局したミニFM局「ラジオ鷲宮」の運営や土師祭の『らき☆すた』神輿の運営などにかかわっ

ている。一部のファンは単なる来訪者ではなく，鷲宮の「関係者」と呼ぶべき存在となっている。

　一方の地域社会もファンへの配慮を忘れない。商工会の松本真治氏は，ファンに対する基本的な姿勢について次のように述べている。

> 去年来てくれた人が今年も来てくれるように，リピーターになってくれるようにと心がけています。たとえば，今年ある有名人を招いてイベントが盛り上がったとします。来年も同じ人を呼んだらまた盛り上がるかもしれない。しかし一方で，お客さんに「去年と同じか」と思われてしまう可能性もあります。だから，できるだけ毎年新しいことに取り組むつもりでいます（鷲宮②）。

> ラベルや容器に『らき☆すた』の絵を入れた商品を作れば，ファンは高い値段でも買うかもしれません。しかし，普段は切り詰めた生活をして，『らき☆すた』のためにお金を使うファンも多いですから，適正価格であることが大切だと思っています。町内の魚屋さんが，柊姉妹にちなんだ弁当を販売しているのですが，値段は600円ほどです。それでも手を抜かずに炊飯釜を変えたりしています。これなら，ファンも気持ちよくお金を使ってくれるのではないかと思います（鷲宮④）。

　地域全体がファンの満足度を高めようと努力する。ファンもその意を酌んで地域への愛着を強める。アニメ『らき☆すた』放送から10年が経った現在でも取り組みが続いている一因がここにあるように思われる。

（3）　地域社会との関係

　スタート時より，商工会事務局の経営指導員である坂田氏と松本氏が中心となって『らき☆すた』関連の事業を運営してきた。しかし，2016年4月に坂田氏が久喜市商工会の本所へ異動となり，2018年6月まで

は鷲宮支所の松本氏が1人で担当していた[8]。当然ながら本来の経営指導業務との兼務である。

　2017年には，運営体制に大きな変化が生じた。松本氏は，2017年7月に同日開催された柊姉妹の誕生日イベントと運動会イベント「萌☆輪ぴっく」の双方の運営を担当した。その際，大きなミスこそなかったものの，「たとえていえば表面張力でギリギリ保っているような状態」（鷲宮⑦）を経験したという。そこで，『らき☆すた』放送開始から10年の節目ということもあり，新たな体制づくりを進めることを決意する。

　2017年8月，『らき☆すた』関連の活動を担うグループが始動した。メンバーは，松本氏に加え，町内の活動の中心的役割を担ってきた和菓子店の島田吉則氏，商工会青年部OB数名，久喜市職員，「らき☆すた神輿」の担ぎ手2名の合計10数名である。グループ内では「Lucky Staff会議」と呼んでいる。同年9月に開催された土師祭がグループとしての初仕事となったが，非常に有効に機能したという。組織的な運営について松本氏は次のように評価している。

　　「それ面白いかな？」と疑問を感じながらやるのと，「これ面白いよね」と思ってやるのでは全然馬力が違います。自分が面白いと思うことをやりたいので，これまでは組織づくりを避けてきた部分がありました。でも，今回組織として動いてみて，とても良い体制だと感じました。みんな前向きだし，自分一人では出なかったアイディアも出てきます。結局はメンバー次第だと思いました（鷲宮⑦）。

　新体制には，権限，マンパワー，楽しさが兼ね備わっている。第6章で紹介する大洗の「コソコソ作戦本部」とも共通する性格を備えており，今後の展開が期待される。

8　2018年7月に，松本氏は久喜市商工会菖蒲支所へ異動。入れ替わる形で坂田氏が鷲宮支所へ異動。

3 成功のポイント

　鷲宮と『らき☆すた』の事例は，その後のアニメツーリズムや，地域とアニメ作品のタイアップ企画の先駆けとなった。「痛絵馬」「らき☆すた神輿」「コスプレ」といった見た目の印象の強さもさることながら，その先駆性は，地域社会，コンテンツ製作者，ファンの関係づくりにある。

　関係構築を可能にした第一のポイントは，商工会の対応力である。2007年12月のイベント「『らき☆すた』のブランチ＆公式参拝 in 鷲宮」開催に至る経緯からもわかるように，商工会が迅速かつ柔軟に対応しなかったとしたら，結果は変わっていた可能性がある。仮にこのイベントが商工会のスケジュールの都合で実現しなかったならば，角川書店との接点は永遠に失われていたかもしれない。結果論ではあるが，商工会は無理してでも動くことによってチャンスをつかんだ。

　こうした一連の過程は「偶有性」を孕んでいる。「偶有性」とは，「必然ではなく不可能ではない」（石井［2009］：p.229）性質を指す。石井淳蔵は，経営研究においては，この偶有性という問題意識が重要だと述べているが，本事例の展開過程を説明する際にも意味をもつ。行動する前に調べたとしても確実な結果がわかるわけではなく，行動することで答えを手にしたという視点である。

　鷲宮では，商工会事務局，地元商店・飲食店主，『らき☆すた』ファン，作品の権利者である原作者と角川書店，これらの関係者がかかわり合いながら，現在に至る道を選び取った。一連の過程を振り返ったときに，商工会事務局は柔軟な発想と行動力を兼ね備えた存在として，『らき☆すた』ファンはマナーが良く，地元にも深くかかわる存在として，地元商店・飲食店主はファンとのコミュニケーションを大切にする存在として，原作者と角川書店は協力的な態度で鷲宮の取り組みを後押しする存在として描くことができる。しかし，それは結果的に明らかになったことであって，必然的な結果をもたらした原因だとはいい切れない側面がある。

もともと，舞台の選択はかなり偶然的なものだった。原作者の美水かがみ氏（旧鷲宮町の隣町の幸手市出身）は，埼玉新聞のインタビューの中で，アニメの舞台設定について次のように答えている。

> 柊姉妹の場合は巫女（みこ）なので，どこの神社にしようかと。そうだ，隣町に鷲宮神社があったと思い，使わせていただきました。……鷲宮神社には子どものころに親と一緒にサイクリングで一，二回訪れただけで，はっきりと覚えていなかったんです。関東最古の神社というのも後で知って，そんなに由緒正しい神社だったのかと驚きました（『埼玉新聞』2009年1月1日）。

　最初から成功が約束されていたわけではなく，刻々と変わる状況の中で関係者は可能性の扉を開いていった。それを可能にした2つ目のポイントとして，コミュニケーションを通じた関係構築を挙げたい。初期から活動に携わり，現在は「Lucky Staff 会議」のメンバーでもある島田吉則氏は，鷲宮の歩みについて次のように述べている。

> 縁の連続でここまで来ました。どこかでシャットアウトしたら終わっていたし，足りないピースがあっても誰かが埋めてくれた気がします。ファンは鷲宮に来れば，「自分が必要とされている」ことを実感できるのかもしれません（鷲宮③）。

　商工会を代表とする地域の関係者がファンと積極的にコミュニケーションを図り，信頼関係を構築した。それにより，ファンはイベントの運営やグッズの開発など，地域社会とかかわる機会を得た。こうした経緯は，顧客のニーズを起点に商品・サービスのあり方を考える「マーケットイン」的な発想をもたらし，ファンの満足度を向上させることにもつながった。
　埼玉新聞社の記者として鷲宮をはじめとする埼玉県内のサブカルチャー事情を数多く取材してきた橋本浩佑氏は，鷲宮の成功要因とし

て，第一に，他に同様のスポットがなかったために訪問先として選ばれやすかったこと，第二に，本来は顧客として「難しい性格」を備えるアニメファン（オタク）と積極的にコミュニケーションを図り，企画段階から巻き込んだことを挙げている（鷲宮⑤）。この「難しさ」を筆者なりにかみ砕いていえば，オタクは知識が豊富で，独特のルールと性向をもち，納得しないことがあれば時に攻撃的な態度をとる存在である。鷲宮はこうしたオタクを味方につけ，彼・彼女らのニーズをつかむことに成功した。

　以上の2つのポイントの根底にあると思われるのが，商工会トップの姿勢である。スタート時から鷲宮町商工会の会長を務めていた齋藤勝氏は，『らき☆すた』に目をつけた若手職員の提案（2007年12月開催の「『らき☆すた』のブランチ＆公式参拝 in 鷲宮」）に対して，「普段から繰り返していた『失敗を恐れずにやれ，私が責任を取るから』という言葉どおり，若手が提案したイベントに一発OKを出した」（『毎日新聞』2008年5月1日）。権限を与えられた職員は高いモチベーションで主体的に動き，結果を出すことで，さらにモチベーションが高まるという好循環が生まれた。

　また，同じ記事の中で，齋藤氏は「漫画『らき☆すた』は『読んでない。ファンが好きならそれでいい』」とも述べている。自分が知らないものも拒絶することなく，顧客や来訪者の満足度を第一に考える。トップのこうした姿勢が，職員の自由闊達な取り組みとファンの協力的な態度につながったのではないかと思われる。

（大谷尚之・山村高淑）

第5章 埼玉県秩父市と『あの花』

概要と現状

(1) 概要

　埼玉県秩父市は，県西部に位置する人口約6.4万人の都市である。絹織物業やセメント産業で栄えた産業都市としての側面と，盆地で育まれた独特の文化が色濃く残る観光都市としての側面を併せもつ。秩父夜祭や秩父札所（秩父三十四箇所）巡り，芝桜で知られる羊山公園などの観光資源を有し，観光入込客数は年間約500万人を数える。特に，毎年12月に行われる秩父神社の例大祭である「秩父夜祭」は人気行事となっている。この祭りで曳行される笠鉾2基と屋台4基は1962年に重要有形民俗文化財（「秩父祭屋台」）に，一連の行事は1979年に重要無形民俗文化財（「秩父祭の屋台行事と神楽」）に指定されている。また，2016年には「山・鉾・屋台行事」の1つとしてユネスコ無形文化遺産に登録された。

　秩父市を舞台設定のモデルとする作品が2011年4〜6月にフジテレビ系列（「ノイタミナ枠」）で放送された『あの日見た花の名前を僕達はまだ知らない。』（以下，『あの花』と表記）である（**図表5-1**）。『あの花』は，幼馴染である本間芽衣子（めんま）の死を経験した高校生グループ5人の青春群像劇である。作品中では秩父市内の実在のスポットや風景が緻密に描かれる。それに加えて，原作者の岡田麿里氏が「緑の檻」（岡田［2017］：第6章）と評した秩父盆地の閉塞感と，後述する「龍勢」などの独特の文化がストーリー上重要な要素として登場する。

図表 5-1　秩父における『あの花』『ここさけ』関連の取り組み

年　月	主な出来事
2010年 7月	秩父アニメツーリズム実行委員会設立
2010年 8月	「銀河鉄道999in 秩父」開催（約3ヶ月間）
2010年11月	アニプレックスより西武鉄道に対して問い合わせ。
2011年 4月	テレビアニメ『あの日見た花の名前を僕達はまだ知らない。』放送開始（〜2011年6月）。
2011年 5月	『あの花』街灯フラッグ掲出
2011年 7月	『あの花』オフィシャルマップ「まんまのおねがいさがし in ちちぶ舞台探訪」配布（4万部作成，同年11月に修正版6万部作成）
2011年 8月	聖地巡礼イベント「『あの花』聖地巡礼〜めんまの願いを叶えよう〜」（〜2011年9月，ステージ1〜3）
	七夕イベント「『超平和バスターズ』の願いよ届け！」七夕飾り掲出
2011年 9月	ANOHANA FES. 開催
2011年10月	龍勢祭にて『あの花』龍勢奉納
2012年 4月	芝桜コラボ誘客ポスター掲出，「あの花×芝桜」街灯フラッグ掲出
	『あの花』クイズラリー
2012年 9月	龍勢コラボ誘客ポスター掲出
2012年10月	龍勢祭にて『あの花』龍勢奉納
2012年11月	夜祭コラボ誘客ポスター掲出
2013年 4月	『あの花』聖地巡礼マップ第3弾配布（3万部作製，同年10月に2万部増刷）
	『あの花』スタンプラリー「あの花×芝桜〜めんまとお見会〜」（〜5月）
2013年 5月	『あの花』スタンプラリー「あの花×ちちぶ〜超平和バスターズの街なか散歩〜」（〜6月）
2013年 7月	劇場版『あの花』ラッピング列車運行（西武鉄道）
2013年 8月	劇場版『あの花』街灯フラッグ掲出
	劇場版『あの花』公開
2013年10月	「あの花×龍勢2013」コラボ誘客ポスター掲出
	龍勢祭にて『あの花』龍勢奉納
2014年 4月	『あの花』スタンプラリー〜春爛漫『あの花』街めぐり〜（〜6月）
2014年 6月	「あの花×秩父札所巡礼」コラボ誘客ポスター掲出
2014年 8月	「あの花×秩父札所巡礼」街灯フラッグ掲出
2014年10月	龍勢祭にて『あの花』龍勢奉納
2015年 5月	『あの花』スタンプラリー〜かぞくといっしょ〜
2015年 8月	『ここさけ』街灯フラッグ掲出
2015年 9月	『ここさけ』応援スタンプラリー2015秋
	『心が叫びたがってるんだ。』公開
2015年10月	龍勢祭にて『あの花』龍勢奉納
2016年 3月	『ここさけ』舞台探訪マップ配布（10万部作成）

出所：秩父市産業観光部観光課［2017］や聞き取り調査に基づき作成。

原作は「超平和バスターズ」(監督・長井龍雪，脚本・岡田麿里，キャラクターデザイン・田中将賀)，アニメーション制作を A-1 Pictures が担当した。作品は好評を博し，第 15 回文化庁メディア芸術祭アニメーション部門の審査委員会推薦作品に選出されている。2013 年 8 月には劇場版が公開され，興行収入 10 億円を超えるヒット作となった。その後も，2015 年 9 月に実写テレビドラマが放送されるなど，息の長い人気作品となっている。

　また，2015 年 9 月には，同じく「超平和バスターズ」が制作したオリジナル劇場アニメ『心が叫びたがってるんだ。』(『ここさけ』)が劇場公開され，この作品も興行収入が 11 億円を上回るヒット作となった。『ここさけ』と『あの花』との間にはストーリー上のつながりはないものの，制作スタッフが重なっていることや，両作品とも秩父周辺を舞台とする青春群像劇であることから，「秩父二部作」というイメージで捉えられることも多い。

　『あの花』のストーリーについて，脚本を担当した岡田麿里氏は自身の著作の中で次のように述べている。

> 「小学校の頃仲が良かった六人の少年少女が，仲間の一人であるめんまという少女の死をきっかけに疎遠になる。月日がたち高校生になって，めんまが戻ってくることでお互いに距離が近づく……という物語だ。その中心人物に，登校拒否児の仁太(じんたん)を配置した。」(岡田［2017］: p.218)

　主要キャラクターの宿海仁太(じんたん)は引きこもり生活を送る高校生である。このキャラクターには，秩父市で生まれ育ち，小学校高学年から高校までを登校拒否状態で過ごした岡田氏自身の経験が投影されている(岡田［2017］)。

（2） 初期の動向

　2011年4月に『あの花』の放送が始まると，多くのファンが秩父市を訪れるようになった。秩父市の従来の主要観光資源である札所巡りや秩父神社，芝桜などは年配層向けであり，また当時は，東日本大震災の影響により東北地方，関東地方で観光客が激減していた。そのため，『あの花』ファンは特に目立ったという（秩父①）。後述する「秩父アニメツーリズム実行委員会」は，2011年4～10月に『あの花』ファン約8万人が秩父市を訪れ，約3.2億円の経済効果が生まれたと推計している（秩父市産業観光部観光課［2017］）。また，2011年8月の西武秩父駅前のレンタサイクルの貸し出し数は前年同月比12.5倍を記録しており，この数字からも多くの『あの花』ファンが秩父を探訪したことがわかる。

　『あの花』を巡るコンテンツ製作者と地域社会との関係構築にはいくつかの特徴がある。第一に，作品の制作中にコンテンツ製作者が地域側とコンタクトをとっていることである。『あの花』の制作時には，第4章で紹介した鷲宮の事例が注目を集めており，コンテンツ製作者が地域社会と連携を図ることの可能性が認識され始めていた。しかし，単に早い時期から連携すれば成功するというわけではない。あからさまな「仕込み」はむしろファンの反発を招くことが多い。本事例では，コンテンツ製作者と地域社会との連携に着目して，「三方良し」を実現するための手がかりを探ってみたい。

　第二の特徴は，作品制作に先立って地域の「実働部隊」が結成されていたことである。2010年7月，アニメコンテンツによる誘客を目的として「秩父アニメツーリズム実行委員会」（以下，「実行委員会」と表記）が設立された。「実行委員会」は活動の第一弾として，『銀河鉄道999』で知られる漫画家の松本零士氏の協力を得て「銀河鉄道999 in 秩父」というイベントを同年8月から3ヶ月間開催した。期間中はスタンプラリーを開催し，8月31日には，『銀河鉄道999』仕様のデザイン電車（西武鉄道）と「999」のヘッドマークをつけたSL（秩父鉄道）の同時運行を行った。しかし，このイベントでは目標とした参加人数を達成すること

ができなかった。その反省を踏まえて取り組んだのが、『あの花』とのコラボレーションであった（西武鉄道鉄道本部運輸部スマイル＆スマイル室〔2017〕）。

『あの花』は2011年4〜6月に全11話がテレビ放送されたが、放送中は作品の舞台設定のモデルが秩父であることを公表しなかった。秩父市内で行った広報活動は、同年3月のポスター掲出と市報への情報掲載、5月の街頭フラッグ掲出のみであった。それ以外の活動が解禁されるのは放送が終了した7月以降である。

プロデューサーを務めた元アニプレックスの斎藤俊輔氏[1]によると、このような対応をとったのは制作した「超平和バスターズ」の意を酌んだためだという（秩父④）。「超平和バスターズ」のメンバーは、「『あの花』を地域おこしのためのご当地作品として捉えて欲しくない。先入観をもたずに作品そのものを評価して欲しい」という思いをもっていた。そこで、斎藤氏は、地域側（「実行委員会」）に対して、放送中は大々的な動きを控え、作品が評価されてから動いて欲しいと要望した。地域側では情報発信が制限されることを不安視する声もあったが、「必ず良い作品を作ってくれるスタッフなので見守って欲しい」と説得したという。

放送終了後の2011年7月から製作者と「実行委員会」が連携してファン向けの取り組みを展開した。作品の舞台のモデルが秩父であることを公表し、ロケ地探訪のためのマップ「めんまのおねがいさがし in ちちぶ舞台探訪」を配布した。マップは「保存版」を含めて4種類のデザインがあり、2017年7月までに計25万部を配布している[2]。続いて、2011年8月にクイズラリーを開催し、4,000人以上が参加した。さらに同年9月には、秩父ミューズパークにて声優陣のトークショーやライブなどで構成されるイベント「ANOHANA FES.」を開催し、来場者約5,000人を集めた。同年10月には後述する龍勢祭においてめんま役の声優・茅野愛衣氏が打ち上げ前の口上を述べ、当時最高の11万人を超える来場

---

1 斎藤氏は、株式会社アニプレックスにて『あの花』や『ここさけ』、『四月は君の嘘』等の作品を担当。2018年2月に株式会社Holoimuaを設立。現在、同社の代表取締役・プロデューサーを務める。

2 2016年3月から配布が始まった『ここさけ』マップは、2017年7月までに7万部を配布している。

者を集めた。

また，『あの花』とコラボした秩父限定商品が平成29年度までに約180種類製作されており，秩父商工会議所の取扱分のみで累計約2億円の売り上げを記録している。

2 コンテンツ製作者・ファン・地域社会の関係構築

(1) コンテンツ製作者との関係

前述したように，プロデューサーの斎藤氏は，制作スタッフの「まずは作品そのものを評価して欲しい」との意向に沿って表面的には慎重に仕掛けつつも，水面下では地域側と丁寧に準備を進めた。斎藤氏が最初にコンタクトをとったのは西武鉄道である。2010年11月，4000系電車の作中での使用について西武鉄道に問い合わせた。

斎藤氏は，鉄道会社に声をかけた理由として次の二点を挙げる（秩父④）。第一に，実在の商品や商標をコンテンツ内に登場させる「プロダクトプレイスメント」である。『あの花』では，「ガリガリ君」（赤城乳業），「C.C.レモン」（サントリー），「サッポロ一番」（サンヨー食品）など，実在の商品が多数登場する。本来，プロダクトプレイスメントは広告手法の1つであるが，『あの花』の製作者は作品のリアリティと信用を高める効果を期待してこの手法を用いた。鉄道についても西武鉄道公認で進めるためにコンタクトをとった。第二に，広告媒体としての期待である。鉄道会社は，駅構内，列車の車体・車内など多くの広告媒体をもっている。製作者側としては，鉄道会社と連携することで効果的な宣伝を行いたいと考えた。一方の西武鉄道としても集客につながることから，ポスターを通常よりも長期間掲出するなどの対応をとった。

さらに，斎藤氏は西武鉄道経由で秩父市とも連絡をとった。本編で実在の風景を使った場合に，ファンの行動に関していくつか懸念されるこ

とがあったからである。たとえば、モデルとなった民家をみつけて無遠慮に写真を撮ったり、作品中のキービジュアルと同じ構図（ポーズ）で写真を撮ろうとして事故が発生したりすることが心配された（**図表5-2**）。作品の舞台のモデルとなった地域において事故や迷惑行為が発生すると、作品自体にも悪影響が及ぶ危険性がある。それを未然に防ぐために情報共有を行ったのである。しかし、実際には、ファンのマナーは良好で、観光地である秩父市は来訪者への対応に慣れていたため、杞憂に終わったという。

　斎藤氏は、実在の風景を背景に使うことのメリットとして、アニメー

図表5-2　『あの花』の第一弾キービジュアル

©ANOHANA PROJECT
注：旧秩父橋の欄干の上に立っているのが「めんま」。
画像提供：株式会社アニプレックス

ション制作における質と効率の向上，そして，作品の人気の持続性につながることを挙げる（秩父④）。前者については，青春群像劇の場合，現実の舞台があることでストーリーに必要なリアリティを生み出しやすいという。後者については，ロケ地探訪という視聴以外の楽しみ方が生まれることで作品の放送終了後も息の長い作品になることが期待できると指摘する。斎藤氏はこれを「作品の先」と表現している。

（2） 地域社会との関係

❶ 西武鉄道

　西武鉄道が『あの花』に関する情報を得たのは 2010 年 11 月である。プロデューサーの斎藤氏より連絡を受けた西武鉄道スマイル＆スマイル室の野田政成氏[3]は，その翌日にアニプレックスに出向き，連携について協議した。野田氏が前向きだったのは，スマイル＆スマイル室が定期外旅客の誘致を業務目的としていたからである（西武鉄道鉄道本部運輸部スマイル＆スマイル室［2017］）。

　西武鉄道は，池袋駅と西武新宿駅を主要ターミナルとし，東京都と埼玉県の西部を中心に 176.6km の路線網をもつ。旅客の中心は通勤通学を目的とした定期利用の乗客であり，通勤通学時は〈埼玉→東京都心〉，帰宅時は〈東京都心→埼玉〉の方向で多くの乗客を運ぶ。しかし，それぞれ同時間帯の反対方向の流れは弱く，また日中の利用客の増加も課題となっていた。そのため，西武秩父線の終点（西武秩父駅）の秩父，西武新宿線の終点（本川越駅）の川越の魅力を高めて誘客につなげることが目標の 1 つとなっていた。秩父を舞台のモデルとする作品がヒットすれば誘客につながることから，定期外旅客の誘致を目指すスマイル＆スマイル室が積極的に動いたのである（秩父②）。

　スマイル＆スマイル室では，従来型の観光 PR に加えて，鉄道に関連したイベントやロケーションサービス（撮影協力），沿線の練馬区と杉並

---

[3] 野田氏は，スマイル＆スマイル室に 7 年間勤務した後，2017 年 4 月に他部署へ異動。

区に集積するアニメ制作会社を意識した取り組みにも力を入れている。前述した「銀河鉄道 999 in 秩父」もその一環であり，松本零士氏が練馬区の名誉区民だったことも大きい。

また，西武鉄道は日本動画協会[4]と提携して，アニメを通じた社会貢献活動に取り組んだ経験をもつ。2008年12月，その活動の一環として，アニメキャラクターを使用した子ども向けの環境啓発マガジン『アニッコ』（Anime & Eco）を創刊した。最終的に，第18号（2014年3月発行）まで各号 4〜5 万冊が西武鉄道各駅，沿線自治体施設などで無償配布された。冊子内では，沿線のアニメ制作会社や沿線が舞台のモデルとなっているアニメ作品（『ケロロ軍曹』や『あの花』など）のキャラクターが使用されている。これらの活動も『あの花』とのコラボに前向きに取り組んだ背景にあった。

◉ 秩父アニメツーリズム実行委員会

2010年7月，秩父市（事務局），秩父観光協会，秩父鉄道，西武鉄道，ちちぶ観光機構，秩父青年会議所，駿河台大学，ちっち倶楽部の8団体が参加して「秩父アニメツーリズム実行委員会」が設立された[5]。西武鉄道の野田氏は，鷲宮と『らき☆すた』の事例に感化されたことが設立のきっかけの1つだったと述べている（野田［2016］: p.53）。その後，2011年6月に秩父商工会議所と秩父地場産業振興センターが，2015年6月には，『ここさけ』の制作に合わせる形で横瀬町がメンバーに加わり，現在の体制となった（**図表 5-3**）。

「実行委員会」は，製作者（著作権者）と，地元事業主やファンを媒介する位置にあり，イベント開催や版権処理において大きな役割を果たす。参加する11団体の中でも中心的な存在が秩父市観光課と西武鉄道であ

---

[4] 一般社団法人日本動画協会は，2002年5月に設立されたアニメーション制作（製作）会社の業界団体（設立時は有限責任中間法人）。
[5] 「秩父アニメツーリズム実行委員会」の前段に位置づけられるのが，秩父地域でのサイクリングによる観光振興を目指して，2007年7月に設立された「秩父サイクルトレイン実行委員会」（参加13団体，すでに解散）である。「アニメツーリズム実行委員会」は「サイクルトレイン実行委員会」に参加していた7つの団体に漫画制作を事業とする「ちっち倶楽部」を加えた8団体で設立された。

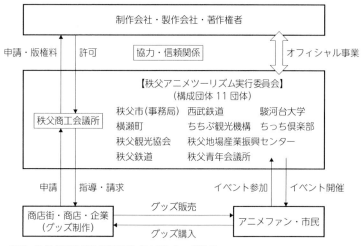

図表 5-3 秩父アニメツーリズム実行委員会を核とする関係図

出所：秩父市産業観光部観光課［2017］を一部改変。

る。秩父市観光課は事務局として地域関係者の調整およびイベント運営を担い，西武鉄道は主に製作者との調整およびプロモーションを担う。加えて，秩父商工会議所が『あの花』グッズ制作の版権料処理の窓口となっている[6]。

「実行委員会」は，第一弾のコラボレーション企画「銀河鉄道999 in 秩父」では目標としていた実績を残すことができなかった。その反省を踏まえ，『あの花』とのコラボレーションでは図表 5-4 に示した項目を意識した。他組織による取り組みも含めて，現在ではほぼすべての項目が実現されている。

(3) ファンとの関係

毎年10月の第2日曜日に秩父市下吉田（旧吉田町）の椋神社で行わ

---

[6] 秩父地域では，「実行委員会」の他に，『あの花』『ここさけ』に関連したグッズ製作・販売やイベント企画を行う株式会社 MIC が活動しており，独自に版権許諾を受けている。

図表 5-4 『あの花』とのコラボレーションにおいて意識された点

項　目	実際の取り組み
他地域の成功事例を研究	鷲宮の取り組みなどを研究
ファンが集える憩いの場所(溜まり場)の設置	ほっとすぽっと秩父館など
街なかの演出・見せ方(地元商店街との協力)	フラッグ掲出など
ファンが楽しめるイベントの企画実施	スタンプラリー，クイズラリー，展覧会等の開催
地域限定グッズ制作の協力（版権対応）	商工会議所を窓口とする地域限定商品の製作・販売
組織内の役割分担の明確化	秩父市：地元調整とイベント運営，西武鉄道：制作会社調整とプロモーション，商工会議会議所：版権料窓口

出所：西武鉄道鉄道本部運輸部スマイル＆スマイル室［2017］と聞き取り調査に基づき筆者作成。

図表 5-5　龍勢の打ち上げ

写真提供：今井金一

れる椋神社例大祭の付祭りが「龍勢祭」である。木製の火薬筒を付けた長い竹竿（矢柄）を発射櫓から打ち上げる行事である。花火が空に舞い上がる様子が龍を連想させることから「龍勢」と称される。また，俗に「農民ロケット」と呼ばれることもある（**図表 5-5**）。

起源については定かではないが，戦国時代には現在の龍勢の原型が生まれたとされており，日本国内では，秩父市下吉田以外にも，静岡県静岡市草薙，静岡県岡部町朝比奈，滋賀県米原市などに形式の異なる龍勢が現存している（飯島監

図表 5-6 龍勢祭の様子

写真提供：秩父市産業観光部観光課

修［2008］)。龍勢は長い歴史をもつ独特の行事であり，現在，秩父市下吉田の龍勢祭では火薬製造の資格をもつ27流派が約30本を打ち上げる。当日は午前8時40分頃から午後5時頃まで打ち上げが続き，例年約10万人の来場者で賑わう（**図表 5-6**）。

『あの花』では，第7話「ほんとのお願い」から第10話「花火」にかけて，龍勢をモデルにしたロケット花火の製作，発射櫓への設置，打ち上げの様子などがリアルに描かれる。ロケット花火を打ち上げることがめんまの願いであり，その願いが叶うことで成仏できると確信した幼馴染の5人は，職人に花火の製造を頼み込み，ついには打ち上げにこぎつける。最終回（第11話）へと続く，終盤の非常に重要なシーンにおいて龍勢（をモデルとする花火）が登場する。

龍勢祭では，2011年より「超平和バスターズ」[7] の奉納者名で「あの花

---

[7] 原作者の3人を指すものではなく，奉納者名である。

龍勢」(龍名「あの日見た花の名前を僕達はまだ知らない。」)が奉納されている。「あの花龍勢」は,『あの花』ファンの奉納金をもとに製作される。2017年の「あの花龍勢」奉納事業についてみると,7～10月に奉納金の募集が行われ,1口300円以上の「城峰コース」(先着1,900名)と,1口2,000円以上の「龍勢応援団コース」(先着100名)が用意されている。「城峰コース」では『あの花』オリジナル缶バッチが,「龍勢応援団コース」では缶バッチに加えて,奉納カード,龍勢祭桟敷席などが当たる特別抽選応募券がプレゼントされる。

龍勢祭では毎年約30本の龍勢が打ち上げられるが,打ち上げの順番はくじ引きで決める。「あの花龍勢」1年目の2011年は,製作会社の担当者が,偶然にも15番目の13時を引き当てた。『あの花』ファンが日帰りで来場することを考えると,理想的な順番である。

龍勢祭当日は,めんま役の声優・茅野愛衣氏が打ち上げ前の口上を述べたこともあって,当時の最高となる11万人以上の来場者を集め,非常に盛り上がった(**図表5-7**)。そのため,龍勢祭を運営する吉田龍勢保存会の配慮により,翌年から「あの花龍勢」の打ち上げは15番目の13

図表5-7　龍勢祭の来場者数

年　次	観光客数	天　気	実施日
2006年	80,000	晴れ	10月 8日
2007年	99,000	曇り	10月14日
2008年	103,900	曇り	10月12日
2009年	107,500	晴れ	10月11日
2010年	75,300	晴れ	10月10日
2011年	111,300	曇り	10月 9日
2012年	110,000	曇り	10月14日
2013年	115,000	晴れ	10月13日
2014年	102,000	曇り	10月12日
2015年	97,000	雨のち晴れ	10月11日
2016年	91,000	雨のち曇りのち晴れ	10月 9日

出所:秩父市産業観光部観光課資料。

時に固定されるようになった。

「実行委員会」の事務局を務める秩父市観光課の中島学氏は，この間の経緯について次のように述べる。

> 元々，龍勢祭は地域の外から若い人が集まるイベントではなかったのですが，当日は，めんま役を務める声優の茅野愛衣さんが来て，ファンがごった返すという状態でした。中には打ち上げが成功したのを見て涙するファンもいました。たいへん盛り上がりまして，それが一番の説得材料になりました。2年目からは打ち上げ時間を固定してもらえるようになりました。我々が言葉で説明しても全然伝わらないところを，ファンが身をもって示してくれたんです（秩父③）。

2013年には「龍勢サポーターズ」という組織が発足し，主に桟敷席の準備，「あの花龍勢」の矢柄につける落下傘の製作，ブログの制作などをサポートしている。熱心な『あの花』ファンの中には，遠方から秩父市近隣に移住し，「龍勢サポーターズ」のメンバーとして龍勢祭にかかわる者もいる。現在では，龍勢祭は『あの花』ファンにとって非常に重要な行事となっている。

龍勢の展示を行う「道の駅 龍勢会館」の原靖子氏によると，アニメ放送開始直後は，コスプレ[8]をして来館する若者などもいて，地域住民は戸惑うことが多かったという。地元のお年寄りからは「龍勢会館に入っていく変わった格好をした人たちは何なんですか」という問い合わせも寄せられた（秩父⑤）。しかし，現在では，住民も『あの花』やそのファンの存在を理解し，ファンとの関係も良好である。原氏はファンと地域住民とのエピソードとして次のような話を紹介してくれた。

> ここ（龍勢会館）はバスしか公共交通手段がないのですが，中には秩父駅から何時間もかけて歩いてくるファンがいらっしゃいます。龍勢会館は

---

[8] 女児であるめんまのコスプレをする男性ファンもいた。

16：30に閉館するので，夕方に『あの花』のTシャツを着て歩いている人がいると，地元の方も『あの花』ファンだとわかって，この時間に歩いていては間に合わないからと，軽トラに乗せて連れてきてくれることがあります（秩父⑤）。

3 成功のポイント

　秩父と『あの花』の事例は，コンテンツ製作者と地域社会の連携に関して1つの画期となった。その最大のポイントが配慮ある関係づくりである。プロデューサーの斎藤氏は，制作スタッフである「超平和バスターズ」の「まずは作品そのものを評価して欲しい」との意向を尊重して動いた。テレビ放送中は舞台のモデルが秩父であることを伏せ，秩父市内での活動もフラッグの掲出などに限定した。結果的に『あの花』は人気作品となり，多くのファンが秩父を訪れるようになった。

　そして，放送終了を待って，舞台探訪マップの配布（2011年7月〜），スタンプラリー（同年8月），大規模イベント「ANOHANA FES.」（同年9月）を相次いで実施した。製作者は，制作陣に配慮しつつ，ファンの満足度も考えながら地域社会と取り組みを進めたといえる。

　地域の実働部隊である「実行委員会」もコンテンツ製作者の事情を理解して対応し，息の長い取り組みを実現している。「実行委員会」の事務局を務める秩父市観光課の中島氏は，「作品の内容については制作者にすべて任せている」（秩父①）という。当然であるが，まずは作品がファンに受け入れられないことにはアニメツーリズムは始まらない。事前に情報提供を受けても前のめりにならず，作品づくりへの協力（舞台提供）と，コンテンツ製作者との連携を重視したことが成功につながったと思われる。

　第二のポイントは，作品世界と現実世界の融合である。前述したように龍勢は秩父市下吉田地区の貴重な文化資源である。その龍勢をモデル

とするロケット花火が，重要な要素として作中に登場する。そして，作品に共感したファンや関係者の熱意が，現実の龍勢祭において「あの花龍勢」を実現させた。最近では，龍勢祭の誘客ポスターに『あの花』の描きおろしイラストが使用されている（**図表扉-2** 参照）。

一連の動きは，魅力的な地域資源を出発点とした，リアルとファンタジーの往還運動として捉えることができる。地域資源（龍勢）とコンテンツ（『あの花』）が双方向的に影響を与え合いながら，両者の魅力を高め，ファンの新たな楽しみを生み出している。アニメツーリズムは，単に作品の舞台を確認して帰るだけのものではない。『あの花』における龍勢を巡る動きは，アニメツーリズムならではの価値創出を示している。

繰り返しになるが，本事例においては，作品に先立って地域側の組織「実行委員会」が存在していた。しかし，「実行委員会」は『あの花』の企画・制作にはタッチしていない。まずはコンテンツ製作者が良質な作品を制作し，ファンの自発的な動きが生じた。地域社会が本格的に動き出したのはテレビ放送終了後である。その後，ファンと地域社会との関係が深まり，「あの花龍勢」というリアルとファンタジーが融合した楽しみ方が生まれた。コンテンツ製作者，地域社会，ファン，それぞれが配慮し合いながら，「作品の先」（秩父④）を創り出すことに成功したのが秩父と『あの花』の事例である。

（大谷尚之）

第6章 茨城県大洗町と『ガールズ＆パンツァー』

1 概要と現状

(1) 概　要

　茨城県大洗町は水戸市に隣接する太平洋岸の町である。人口は約1.7万人，町域は県内の市町村の中で2番目に狭い。しかし，町内には海水浴場や水族館，ショッピングモールなどがあり，茨城県内最多の観光入込客数を誇る[1]。町内には50軒ほどの宿泊施設（ホテル，旅館，民宿等）が立地し，「宿泊業・飲食サービス業」の就業者数構成比（「宿泊業・飲食サービス業」就業者数／全就業者数）は，従業地ベースで10.1％（茨城県平均4.8％）と茨城県内の市町村で最も高い[2]。

　大洗町は町域が狭く，海岸沿いに主要施設が立地しているため，2011年3月の東日本大震災では，最大4.2メートルの津波により大きな被害を受けた。浸水面積は町域の約9％にあたる約200ヘクタールに及び，町役場などの公共施設や，港湾施設，中心市街地が被災した（大洗町［2012］）。それにともなって観光客数が激減し，2011年は2010年比でほぼ半減，海水浴場に限れば8割近い減少となった（図表6-1）。

　バンダイビジュアル株式会社[3]（当時）が，大洗町をロケ地とするオリ

---

[1] 茨城県商工労働部観光物産課［2016］によると，大洗町は市町村別入込客数が県内で最多。海水浴客数に関しては，町内の2つの海水浴場の合計で県内の52％以上（大洗海水浴場5.0％，大洗サンビーチ47.2％）を占める。
[2] 茨城県企画部統計課［2016］を参照。「平成22年国勢調査」（2010年10月1日現在）の数値に基づいて計算したものである。
[3] 2018年4月，バンダイビジュアル株式会社と株式会社ランティスが合併し，株式会社バンダイナムコアーツが発足。とくに注記がない場合にも，「バンダイビジュアル」は現在の「バンダイナムコアーツ」を指す。

図表 6-1 大洗町の観光入込客数

	大洗町合計	(2010年比)	海水浴場合計	(2010年比)
2009年（度）	5,583,000		621,056	
2010年（度）	5,544,800	(100.0%)	653,360	(100.0%)
2011年	2,975,900	(53.7%)	145,630	(22.3%)
2012年	4,078,400	(73.6%)	348,574	(53.4%)
2013年	4,286,900	(77.3%)	453,680	(69.4%)
2014年	4,323,900	(78.0%)	393,870	(60.3%)
2015年	4,441,400	(80.1%)	300,500	(46.0%)
2016年	4,544,100	(82.0%)	272,690	(41.7%)

注：2009年と2010年については4〜3月の集計，2011年以降は1〜12月の集計。
出所：茨城県商工労働部観光物産課『観光客動態調査報告』，大洗町商工観光課資料。

ジナルアニメ『ガールズ＆パンツァー』（以下，『ガルパン』と表記）の制作について地域側に打診したのは2011年10月である。『ガルパン』は「戦車を使った武道『戦車道』が華道や茶道と並んで大和撫子のたしなみとされている世界」[4] の物語である。

　主人公の西住みほは，「戦車道」の強豪校に在籍していたものの，ある事件をきっかけに「戦車道」から離れ，「戦車道」の授業のない県立大洗女子学園へ転校する。しかし，大洗女子学園は学校存続をかけて戦車道全国大会に出場することを決めたため，みほもやむを得ずに「戦車道」の授業を選択し，チームメイトとともに強豪校と対戦するというストーリーである。戦車は芸道やスポーツ競技的な設定の中で使われており，作中で死傷者が出るようなことはない。

　テレビアニメは，2012年10月〜2013年3月にTOKYO MXなどで全12話が放送された。2015年11月には完全オリジナルの劇場版が公開され，2018年7月2日時点で累計興行収入25.4億円，累計観客動員数147万人を突破する大ヒット作品となっている。深夜アニメ原作の劇場作品としては『ラブライブ！　The School Idol Movie』に次ぐ興行

4　「ガールズ＆パンツァー公式サイト」より引用。

成績である。さらに 2017 年 12 月より，全 6 話からなる『ガールズ＆パンツァー 最終章』が劇場公開されている。

（2）　初期の動向

　バンダイビジュアル（現バンダイナムコアーツ）のプロデューサーである杉山潔氏は，『ガルパン』はファンタジーの度合いが大きい作品のため，「まったく架空の世界にしてしまうよりは，どこか実際の場所に根ざしたものにすることでリアリティを確保すべきだろう」（ガルパン取材班［2014］：p.36）と考え，ロケ地を探した。杉山氏によると，作品の舞台は次の3つの条件を満たす必要があった[5]。第一に，作中に「学園艦」（甲板上に都市が建設されている巨大船舶）が登場するため，港湾施設があること。第二に，作品の背景として使うため，特徴的なランドマークがあること。第三に，登場人物が遊びに行けるスポットがあること。

　当初は山陰地方の某市が候補地であったが，ロケハン（ロケーションハンティング）のコストや手間なども勘案して大洗町が選ばれた[6]。港湾施設や展望台（大洗マリンタワー），鳥居（大洗磯前神社），ショッピングモール，温浴施設などがある大洗町は，設定上の条件とロケハンの都合という点で適当な場所であった。

　当初，コンテンツ製作者は大洗町[7]との接点をもっていなかったが，製作委員会のメンバーの1人が大洗町出身だったことから，その親族を通じて町の関係者とコンタクトをとった。大洗町側の窓口となったのは，ショッピングモール内で物産店「大洗まいわい市場」を運営する常盤良彦氏である。大洗町は，常盤氏を中心とする有志で体制を整え，制作協

---

[5] まつもと［2016］を参照。記事として公表されていない内容についてもインタビュー時のやりとりに基づいて言及する。
[6] 杉山氏がロケ地として大洗町を思いついた理由は次の2点である（ガルパン取材班［2014］：pp.36-37）。1つは，杉山氏が茨城県牛久市在住であり，家族を連れて海水浴に行った経験があったこと。2つ目は，航空自衛隊で震災直後の大洗の空撮写真を見て，アニメ製作者として何か力になれないかと考えたこと。ただし，最終的に選定した理由は，あくまでもストーリー上必要な条件を満たしていたこととロケハンの問題だという（大洗⑥）。
[7] この場合の「大洗町」とは，行政機関としての町役場ではなく，町内の関係者を指す。

力を行った[8]。

　当時，大洗町では，東日本大震災により観光入込客が激減し，復興に向けてさまざまな取り組みを行っていたものの，なかなか実を結ばなかった。大洗町商工観光課の担当者によると，当時の町には「復興のためなら何でもやるという雰囲気があった」という（大洗①）。

　しかし，『ガルパン』のロケ地が大洗町であることについては事前にほとんど発信されておらず，また，東京スカイツリーから約50km圏内を放送エリアとする独立UHF局のTOKYO MXでの放送だったため，茨城県内の大部分の地域では地上波で視聴することができず，放送開始当初は，町内の関心も決して高くはなかった。

　状況が変わったのは2012年11月である。まず，11月初旬に第4話が放送された。この回では，町内を舞台に「戦車道」の練習試合が行われ，ショッピングモール，展望台など町内のランドマークや商店街が描かれた。バンダイビジュアルのチーフプロデューサー・湯川淳氏は，「『ガルパン』はこれでいける！　と思った瞬間はありましたか？」との質問に対して，第6話に加えて，「第4話『隊長，がんばります！』の映像ですね。まずTVではみられないような高いクオリティの映像だった。しかも，大洗の市街地を戦車が走り回るという，みたこともないような映像が繰り広げられている」（ガルパン取材班［2014］：pp.20-21）と答えている。

　さらに，同月下旬に「あんこう祭」が開催された（**図表6-2**）。この祭りは大洗町の名物であるあんこうをPRするためのイベントであるが，それに合わせて，『ガルパン』のラッピング列車やラッピングバスの運行，『ガルパン』コラボ商品の発表，声優によるトークショーなどを行った。来場者数は過去最高の6万人（前回比200％）を記録し，大洗駅では開業以来初の入場制限がかかるほどの人出となった。

　その後も『ガルパン』の声優や主題歌を歌う歌手が参加する町内イベントは，多くの来場者を集めている（**図表6-3**）。また，2013年3月の

8　経緯についてはガルパン取材班［2014］が詳しい。

図表 6-2 大洗町における『ガルパン』関連の取り組み（一部）

時　期	イベント，出来事
2011年10月	バンダイビジュアル社よりアニメ制作に関する打診
2012年 1月	大洗町内でロケハン実施
2012年10月	テレビアニメ「ガールズ＆パンツァー」放送開始（～2013年3月）
2012年11月	大洗あんこう祭
2012年11月	ガルパンラッピングバス（茨城交通），ガルパンラッピング列車（鹿島臨海鉄道）
2012年12月	「大洗コソコソ作戦本部」結成
2013年 1月	「ガルパンスタンプラリー道」開始
2013年 3月	大洗春まつり海楽フェスタ
2013年 3月	「街なかかくれんぼ」開催（パネル54体）
2013年 6月	「ガルパン街なか戦車せいぞろい！」開催（パネル45体）
2013年 6月	「今しかできない旅がある」若者旅行を応援する取組表彰（観光庁）・奨励賞受賞
2013年 8月	「ガルパンスタンプラリー道2」開始
2013年11月	大洗町商工感謝祭
2013年11月	大洗あんこう祭
2014年 1月	大洗磯前神社にガルパン巨大絵馬を設置
2014年 2月	いばらきイメージアップ大賞（茨城県）受賞
2014年 1月	曲がり松商店街においてガルパン仕様レンタサイクル開始
2014年 3月	大洗春まつり海楽フェスタ
2014年 8月	「大洗女子スタンプラリー（復刻版）」開始
2014年11月	大洗町商工感謝祭
2014年11月	大洗あんこう祭
2015年 1月	大洗磯前神社にガルパン巨大絵馬第2弾を設置
2015年 3月	大洗春まつり海楽フェスタ
2015年 3月	マリンタワー内にガルパン喫茶「Panzer vor」オープン
2015年 5月	ショッピングモール内に大洗友好都市物産館・大洗ガルパンギャラリーを開設（2016年3月まで）
2015年 7月	大洗駅にガルパンの顔はめ看板設置
2015年11月	「ガールズ＆パンツァー」劇場版全国ロードショー
2015年11月	大洗あんこう祭
2015年12月	劇場版登場キャラクター等身大パネル設置（18体）
2016年 3月	大洗春まつり海楽フェスタ
2016年 4月	大洗ガルパンギャラリー移転・再開
2016年 9月	ガルパンデザイン上下水道マンホール蓋設置
2016年11月	大洗町商工感謝祭
2016年11月	大洗あんこう祭
2017年 3月	大洗春まつり海楽フェスタ
2017年 4月	大洗文化センターにてガルパン劇場版無料上演会
2017年 8月	大洗町中央公民館にてガルパンDVD「全編6巻・劇場版」無料貸し出し開始
2017年11月	大洗町商工感謝祭
2017年11月	大洗あんこう祭
2017年12月	ガルパンラッピング列車（2号車）運行

出所：大洗町商工観光課資料などを基に筆者作成。

「海楽フェスタ」と同年7月の「大洗港海の月間イベント」では，自衛隊の協力により実物の戦車が展示され，話題となった。

第4話において戦車が急カーブを曲がりきれずに衝突する割烹旅館

図表6-3 『ガルパン』関係者が出演したイベントの入込客数

時　期	イベント名	内　容	入込客数	(前回比)
2012年11月	大洗あんこう祭	声優5名来場	60,000人	(200%)
2013年 3月	大洗春まつり海楽フェスタ	声優3名来場，戦車展示	50,000人	(250%)
2013年 7月	大洗港海の月間イベント	声優トークショー，戦車展示（3日間）	32,000人	(1915%)
2013年11月	大洗町商工感謝祭	声優1名来場	50,000人	(143%)
2013年11月	大洗あんこう祭	声優5名・歌手2名来場	100,000人	(167%)
2014年 3月	大洗春まつり海楽フェスタ	声優3名来場	50,000人	(100%)
2014年11月	大洗町商工感謝祭	声優5名来場	50,000人	(100%)
2014年11月	大洗あんこう祭	声優5名来場	100,000人	(100%)
2015年 3月	大洗春まつり海楽フェスタ	声優3名来場	50,000人	(100%)
2015年11月	(大洗町商工感謝祭)	(出演なし)	50,000人	(100%)
2015年11月	大洗あんこう祭	声優5名・歌手1名・蝶野正洋氏(ガルパン応援大使)来場	110,000人	(110%)
2016年 3月	大洗春まつり海楽フェスタ	声優5名・蝶野正洋氏来場	80,000人	(160%)
2016年 7月	大洗港海の月間イベント	声優・蝶野正洋氏来場	17,490人	
2016年11月	大洗町商工感謝祭	蝶野正洋氏来場	50,000人	(100%)
2016年11月	大洗あんこう祭	声優5名・蝶野正洋氏来場	130,000人	(118%)
2017年 3月	大洗春まつり海楽フェスタ	声優4名・蝶野正洋氏来場	80,000人	(100%)
2017年 7月	大洗港海の月間イベント	声優2名・蝶野正洋氏来場	18,058人	
2017年11月	大洗町商工感謝祭	声優2名来場	50,000人	(100%)
2017年 3月	大洗あんこう祭	声優5名・歌手1名・蝶野正洋氏来場	130,000人	(100%)

出所：大洗町商工観光課資料。

「肴屋本店」は，多くのファンが訪れるスポットとなっている。代表の大里明氏によると，初めて『ガルパン』ファンが宿泊したのは2012年11月のあんこう祭だったという（大洗②）。「肴屋本店」では，以前から一人客も受け入れていたが，あんこう鍋の提供については2名以上に限定していた。しかし，『ガルパン』ファン向けの試みを行いたいと思うようになり，2012年11月末から，一人客にもあんこう鍋を提供し，特製のポストカードをプレゼントする「ガルパン応援プラン」を開始した。また，『ガルパン』の登場人物の誕生日イベントが6月と9月に多いため，閑散期の客室稼働率が向上したという。

図表6-3から，『ガルパン』放送開始後の，春まつり海楽フェスタ，商工感謝祭，あんこう祭の来場者数は，『ガルパン』放送前と比べてほぼ倍増していることがわかる。これらは概算であり，傾向を把握するにとどまるが，多くの『ガルパン』ファンが町内のイベントに来場していることは間違いない。年間観光入込客数が450万人を上回る町であるため，人数としては限定的に思われるかもしれないが，話題性を含めた実質的な効果は非常に大きいと思われる[9]。こうした要因も加わって，近年の町内の観光入込客数は2010年の約8割程度にまで回復している。

② コンテンツ製作者・ファン・地域社会の関係構築

(1) コンテンツ製作者との関係

当初，プロデューサーの杉山氏は，作品の制作協力に限定して大洗町とコンタクトをとった。作中で，戦車が町内を走り回り，建物を壊す

---

[9] 野村総合研究所は，事業者への聞き取り調査などに基づき，『ガルパン』の聖地巡礼による直接的な経済効果を年間7.21億円と推計している（神山・木ノ下［2014］）。また，石坂らは，多くの『ガルパン』ファンが回遊する曲がり松商店街と大貫商店街の小売店への調査を行い，2015年の来店客数が震災前に比べて増加した小売店の割合は，曲がり松商店会で66%，大貫商店会で52%だったと報告している（石坂ほか［2016］：p.85）。ただし，大洗町や製作者は，『ガルパン』関連の取り組みについて経済効果を第一義とはしていない。

シーンがあるため，大洗町を舞台にすることに関して地元の了解を得ておきたいと考えた。杉山氏と大洗町の窓口である常盤氏との間では，初期の頃，次のようなやりとりが交わされた。

> ミーティングを重ねるなかでも，「この作品はオリジナルなのでヒットするかどうか保証できません。だからあまり商売面で"本気"にならないでください」と話しました。世間一般に"アニメでまちおこし"という言葉が一人歩きしていた状況ではありましたので。舞台になった町にファンが遊びに来てくれることはあるかもしれないけれど，まずそれはヒットしないとありえない話なので。
> 対して常盤さんは，「面白い事さえできればいいので，我々は経済効果を求める気はまったくない」「これについてはまずごく小さなプロジェクトチームを組みます。気心が知れていて，失敗したら『ごめんね』って言える範囲からスタートします」と言ってくれました（まつもと［2016］）。

コンテンツ製作者は，作品制作に注力し，ヒット作を生み出すという姿勢で臨んだ。それに対し，地域側もその意を酌んで機動的な体制で協力した。後に，イベントやキャラクターグッズの開発などを通じてコンテンツ製作者と地域社会は密接な関係を築くことになるが，初動段階では作品制作（ロケハン）に限定した関係でスタートした。杉山氏は，「最初に町の方々と約束したのは経済効果の話は一切止めましょうということです」（まつもと［2016］）と語っている。こうした姿勢はファンにも好感を与えた。

（2） ファンとの関係

アニメファン（オタク）に対して不安を感じる声も皆無ではない状況で，地域がファンを受け入れた大きな要因が，初期の『ガルパン』ファンのマナーの良さであった。この点について杉山氏は次のように述べている。

もう1つガルパンにとってラッキーだったのは，…（中略）…ファンの年齢層が高かったことですね。ファンと町の関係がこれだけ良くなったのは，ファンのモラルの高さなんですよ。社会人なので非常識なことをあまりしないんです。だから町で大きなイベント――たとえばあんこう祭にファンがわあっと来て街中にいっぱいいても，ゴミが落ちないんですよね。…（中略）…町の人たちも"ガルパンさん"って呼んでくれて，「ガルパンさんはとってもマナーが良い」って言ってくれるんです（まつもと［2016］）。

　初期のコアな『ガルパン』ファン像をペルソナ的に示せば，戦車やアニメが好きな30歳代後半の男性，社会経験があるためマナーが良く，趣味に投資する経済的な余裕もある，といったイメージだろうか。こうした初期のファンのマナーの良さはその後も継承され，ファンと地域社会の良好な関係構築につながった。

　現在では，『ガルパン』のファンから，大洗町のファン，住民のファンとなり，店主とのコミュニケーションを目的として足繁く町に通う者も多い。さらには，町役場が把握する限りで，2016年9月までに30名ほどの『ガルパン』ファンが大洗町に移住しており（『日本経済新聞』2016年9月10日［北関東版］），2018年8月の時点ではその数が100名ほどに増えているともいわれる。

　他方で，劇場版公開前は1人で訪れる男性ファンが多かったが，劇場版公開後はグループや女性の来訪者が増えたという指摘もある（杉山・常盤［2016］：p.47）。一般的に，カジュアルなファンの増加はマナーの悪化につながるともいわれる。大洗町においても，『ガルパン』劇場版公開直後は，新規の来訪者が道路を横に広がって歩くなどの問題があったものの，現在では改善され，目立った混乱は生じていない。

(3) 地域社会との関係

❶ 地域独自の取り組み

　大洗町内における独自の取り組みとして，スタンプラリーと「街なかかくれんぼ」がある。スタンプラリーは，町内の規定のスポットを周って台紙に一定数のスタンプを押すと，記念品を受け取ることができる企画である。スタンプの絵柄や記念品の種類を変えて複数回実施されている。2013年3月にスタートした「街なかかくれんぼ」は，『ガルパン』キャラクターの等身大パネルを町内の店舗に設置する取り組みである（**図表6-4**）。設置にあたっては，「例えば作中で串カツを食べているキャラクターは精肉店に。紅茶をよく飲んでいるキャラクターはお茶屋さんに」（大洗町商工観光課［2015］：p.7）という具合にキャラクターの設

図表6-4　『ガルパン』キャラクターのパネル（肴屋本店）

©GIRLS und PANZER Projekt
出所：筆者撮影。

図表 6-5　大洗町の夏の観光誘客ポスター(2017 年)

©GIRLS und PANZER Finale Projekt
画像提供：大洗町商工観光課

定と店舗の業種の関連性を重視している。これら2つの取り組みは，ファンと店主のコミュニケーションの機会を作ることを企図して行われている。

　また，大洗町商工観光課では，2013 年から毎年，『ガルパン』の描きおろしイラストを使った夏の観光誘客ポスターを制作している(**図表6-5**)。主要キャラクターである「あんこうチーム」のメンバー5名が，海を背景に，町のイメージキャラクター「アライッペ」と共演している。人気アニメを宣伝に使っているというよりは，キャラクターたちが町の関係者として PR に協力しているような印象を受ける。

❸ 町民のホスピタリティ

　大洗町は，北関東有数の観光地であり，町内の住民は観光客への対応に慣れている。しかし，観光地だからといって必ずしもうまくいくわけではない。杉山氏は，大洗町がもつ独特の二面性について次のように述べる。

> 小さな町で，お互いに顔見知りなので，住民は（場当たり的に）無責任なことをしません。その点では絶妙なスケールで，『ガルパン』で連携した際にも，物事がスムーズに進んだ部分がありました。たぶん大きな町ならこうはいかないでしょう。その一方で，外部の人間を受け入れるメンタリティも持っています。もちろん，観光地だからということはあるのですが，他の観光地も大洗と同じようになっているかといえば，そういうわけではありません。まとまりと開放性の両方を持った非常に不思議な町です（大洗⑥）。

　何度も町を訪れるファンは，作品のロケ地を確認するためではなく，地域住民とのコミュニケーションを目的として来訪するようになる。大洗町役場の平沼氏と肴屋本店の大里氏が語る次のエピソードには，ファンにとっての「経験価値」がよく表れている（大洗④）。

> 私は『ガルパン』で盛り上がった後に（町役場で）担当になったのですが，初めの頃，なぜそんなに何回もリピートして来るんですかとファンの方に尋ねた時，「私たちにとって大洗町はディズニーランドみたいなものなんです」と言われたことがあります。「ディズニーランドには何回も行くじゃないですか。好きな作品の世界に実際に浸れる大洗は本当に僕たちにとってはディズニーランドみたいなものなんです」と言われたのが非常に印象に残っています（大洗町商工観光課・平沼氏[10]）。

---

[10] 取材時の担当者。現在は他部署へ異動。

ディズニーランド風にいえば，大洗のお店1つ1つがアトラクションみたいなものです。うちのすぐ目の前の本屋さん（江口又新堂）なんかは，おばちゃんに捕まると1時間，2時間の長話はざらなので，ファンの間ではあの店をスムーズに通り抜けられるかどうかによって，一日のスケジュールが変わると言われています（笑）。そういうところも，ファンにとっては楽しみなんでしょうね（肴屋本店・大里氏）。

地域住民，特に商店主が「観光資源」となり，ファンを引きつける力となっている。震災復興に向けた町民のモチベーションの高さと元来備わっていたホスピタリティ能力が，『ガルパン』をきっかけに発揮されたと考えることができる。

⑤ 地域内の運営体制

『ガルパン』の製作委員会である GIRLS und PANZER Projekt（テレビアニメ）と GIRLS und PANZER Film Projekt（劇場版）の中心的存在がバンダイナムコアーツである。ここではバンダイナムコアーツと大洗町との連携を中心に，町内での運営体制について述べる。『ガルパン』に関係する大洗町内の主な組織・グループを整理した図が**図表6-6**である。

バンダイナムコアーツとの連携の窓口となり，大洗町における「司令塔」の機能を担っているのが，作中で登場する作戦名にちなんだ「コソコソ作戦本部」である。テレビ放送開始後の2012年12月に有志5名によって自発的に結成されたインフォーマルなグループである。現在に至るまで，大洗町内において『ガルパン』に関係する企画・調整機能を担っている。

企画段階から大洗町の窓口となった株式会社Oaraiクリエイティブマネジメント代表の常盤良彦氏，割烹旅館「肴屋本店」代表の大里明氏，『ガルパン』特設サイトを制作する大洗観光協会の職員，大洗町商工観光課の職員，コンテンツ製作者であるバンダイナムコアーツの杉山氏に加えて，町内の宿泊施設や飲食店の経営者など，現在は15名程のグルー

図表 6-6 大洗町における『ガルパン』関連の活動の運営体制の模式図

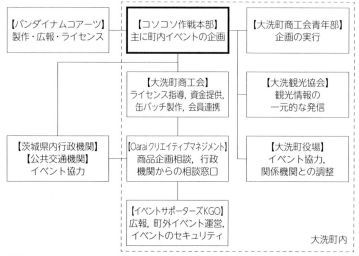

出所:大洗町商工観光課資料や関係者への聞き取り調査を基に筆者作成。

プとなっている。関係機関から推薦されたメンバーが集まっているわけではなく,あくまでも有志が自主的に参加している。

「コソコソ作戦本部」は,毎週日曜日の夜に会合を開き,課題について検討している。製作会社のプロデューサー(杉山氏),対外的な窓口(常盤氏),商店街のまとめ役(大里氏),後方支援にあたる組織の関係者(町役場職員,観光協会職員)が揃い,必要に応じて観光協会,町役場,商工会青年部,バス会社,鉄道会社などと連携をとる。製作会社の杉山氏が参加しているため,著作権の問題にも迅速に対応できる。現在では,「コソコソ作戦本部」が地域の公式組織的な役割を果たしている。

他に,『ガルパン』のロゴやキャラクターを付したライセンス商品については,商工会が窓口となり,毎月第2,第4金曜日に,常盤氏,大里氏,Oarai クリエイティブマネジメントから商工会に出向中の職員の3名が相談と助言を行っている。その他,常盤氏がメンバーとして加わるボランティアグループ「イベントサポーターズKGO」がイベント時の

警備などを担当する体制となっている。

「コソコソ作戦本部」に参加する理由について，大里氏と大洗観光協会職員の鬼澤氏，大洗町商工観光課職員の平沼氏はそれぞれ次のように述べている（大洗④）。地元関係者の根底にあるものをうかがい知ることができる。

> とくに強制ではないのですが，毎回ほぼ9割以上の出席率だと思います。ファンの顔が見えていて，その人たちを楽しませたい，そして，その楽しい輪の中に自分も入っていたいと，みんな思っているのではないかな（大里氏）。

> 自分たちが考えたことに対して反応が返ってくるのが嬉しくて，続けている部分があります。それを仕事の枠を外れたところで取り組んでいるのがいいのかなという気がします。役所が用意した組織で仕事としてやったのでは，たぶん自分たちも楽しめないと思います（鬼澤氏）。

> メンバーと様々な企画を立案して，実行して，検証してという，PDCAサイクルを常に回しているような状態です。それを仕事の方に持ち帰って活かせる部分もあります。半分仕事，半分ボランティア的な形です。あくまでも行政はバックアップする立場で，行政が動いた方がスムーズにいくところでは私たちが動くというのが一番理想的な形だと思っています（平沼氏）。

「コソコソ作戦本部」は有志が集まって結成されたグループであるが，そのメンバーの多くは所属組織において権限をもっている。そのため，話し合って決めたことをメンバーはすぐに実行に移すことができる。その一方で，あくまでも自主的なグループであるため，所属組織の業務とは少し外れた形で，楽しみながら活動に取り組むことができる。この点がメンバーにとっては大きな魅力となっている。2017年4月より平沼氏に代わって『ガルパン』関係の業務を担当した町商工観光課の江沼宏

章氏[11]は，異動にともなって参加することになった「コソコソ作戦本部」について次のように述べている。

> 「コソコソ作戦本部」の会合は日曜日の19時に始まって22時頃まで続きます。疲れますが，楽しみながらなのであまり苦ではありません。話し合いの中では，一見するとふざけたアイディアがたくさん出てくるのですが，それを「どうやったら実現できるか」と真剣かつ前向きに検討することに驚きました。普通なら，「それは無理」とすぐに判断されてしまうものでも，最終的にそのアイディアが実現されていくので，イベントの内容や運営が毎回改善されていくんです（大洗⑤）。

権限と楽しさの両面を備えていることが「コソコソ作戦本部」の大きな特長であり，円滑なイベント運営や活動の持続性，ファンの満足度の向上などにつながっていると考えられる。「コソコソ作戦本部」がかかわるイベントは，例年3月開催の海楽フェスタ，11月開催の商工感謝祭とあんこう祭である。前年度のイベントや先立って開催されたイベントの反省点を整理し，次回のイベントでは改善するように努めている。

たとえば，過去最高の13万人の来場者を集めた2016年11月のあんこう祭ではかなりの混乱が生じた。道路の渋滞や鹿島臨海鉄道の輸送能力の問題で大洗町内に入れないファンさえ生じた。また，来場者からもトイレや駐車場に関する苦情が多く寄せられた。

そこで，「コソコソ作戦本部」は2017年のあんこう祭に際して対策を練った。製作委員会や関係機関と連携をとりながら，警備員の増員，トイレの増設，臨時駐車場の開設とシャトルバスの運行，鹿島臨海鉄道の増便・車両増結，交通誘導の工夫，大型ビジョンによるパブリックビューイングの開設と会場の分散化などの対応をとった。それにより，前年のような混乱は防ぐことができたという（大洗⑤）。

---

11 取材時の担当者。現在は他部署へ異動。

3　成功のポイント

　コンテンツ製作者と地域社会が，経済効果を期待してアニメの企画段階からタイアップした場合，ファンの反発を招くおそれがある。本事例では，初動の段階でコンテンツ製作者と地域が作品制作に限定して関係をスタートさせた。その後，インフォーマルな司令塔である「コソコソ作戦本部」が立ち上がり，現在に至るまで実質的な地域の「公式組織」として有効に機能している。大洗町と『ガルパン』は，コンテンツ製作者と地域社会の連携に関して非常に優れた事例である。本節では，権限と楽しさの両立，地域住民のホスピタリティという2点から考えてみたい。

　権限と楽しさの両立が何ゆえに重要かといえば，モチベーションの維持とノウハウの蓄積につながるからである。自分たちで考えたアイディアを即実行し，その結果を踏まえて次のアイディアを練る。仮に良い反応があれば，それによってメンバーのモチベーションは高まり，さらに熱心な活動につながる。仮に失敗したとしても，次回の改善に向けてさらなる工夫を試みる。いずれの過程でもノウハウの蓄積が進む。こうして，地域社会の熱意とファンの満足度が相互に影響を与え合いながら増幅される。

　近年，あんこう祭の来場者数は1日間で13万人に達しているが，会場となる大洗町は人口1.7万人の小さな町である。通常であれば，会場と交通手段のキャパシティや，運営能力の問題でこの規模にまで成長することは難しいのではないだろうか。それを可能にしたのは「コソコソ作戦本部」による絶え間ない創意工夫であり，それを根底で支えたのが権限と楽しさの両立だったと筆者は考える。

　第二のポイントは，地域住民のホスピタリティである。深夜帯に放送されるアニメ作品の制作本数は増加傾向にあり，作品間の競争も激しい。第1章でも触れているように，1クール（12, 13話）のアニメ作品の場合，舞台のモデルとなった地域が作品に関連する取り組みを始める

頃にはテレビ放送が終了しているということも珍しくない。

　そのような状況において，継続的にアニメファンを集める原動力となるのは，好きな作品を現実世界で体験したいというファンの思いと，地域住民の人間的な魅力である。全員ではないとしても，多くの住民がファンを温かく迎え入れることで，作品のファンとして町を訪れた者が，町のファンや住民のファンになっていく。地域住民との交流はその地を繰り返し訪れる強い誘因となりうる。この点は，第Ⅱ部の他の事例にも共通する。

　また，大洗町は作品の権利者（バンダイナムコアーツ）やファンと協力的な関係を築くことに成功しているが，その根底には，町民の作品に対する敬意が存在するように思われる。大里氏が語った『ガルパン』劇場版公開後のエピソードを紹介したい。

> 劇場版が公開された時には，誰が指示したわけでもないのに，パネル（前述した「街なかかくれんぼ」の等身大パネル）を置いているお店の人たちが自主的に映画を観に行ってくれたのも嬉しかったですね。水戸のシネプレックス（シネコン）に行って，映画が終わって明るくなってみたら，周りの席がみんな大洗の人だったと笑っていました。若い方だけではなく，80歳近い店主の方がご夫婦で『ガルパン』の劇場版を観に行ったなんていうこともありました。後で感想を聞いたら，「やっぱりうちに飾ってあるパネルの子が一番かわいい」という話をしていました（大洗④）。

　町ぐるみで作品やキャラクターを大切にする姿勢は，あえて明示せずともファンに伝わり，「アニメ聖地」を創り出す力の1つとなるように思われる。

（大谷尚之）

第Ⅲ部 討議編

図表扉-3　2017年の土師祭に出演する声優の福原香織さん
画像提供：久喜市商工会鷲宮支所

『らき☆すた』柊つかさ役の声優・福原香織さんは，鷲宮に何度も足を運び，イベントに出演している。リピーターとなった声優とファンが，聖地で作品への熱い思いを「共有」する。ファンにとっては，あたかもキャラクターが現実世界に実際に降り立ったように感じる，かけがえのない時間である（第7章参照）。（山村）

座談会
──大谷尚之・松本淳・山村高淑

「アニメ聖地88」への期待

大谷 本日は，コンテンツ産業に詳しい松本さんと，コンテンツツーリズムをはじめとする観光に詳しい山村先生に教えを乞うつもりで，私が話の交通整理をさせていただきます。

　最近，アニメコンテンツと地域に絡んだ動きが非常に盛んになってきている印象を受けます。松本さんは普段取材されていて実感する部分はありますか。

松本 やはりKADOKAWAさんを中心とするアニメツーリズム協会[1]の設立はインパクトがありました。「訪れてみたい日本のアニメ聖地88」（以下，「アニメ聖地88」と表記）に選ばれた地域の人たちの喜びの声も当然聞こえてきますが，一方で選ばれなかった人たちが結構ショックを受けています。しかし，次は選ばれるように努力しようとか，選ばれなかった理由について分析してみようとか，変化の１つのきっかけになりましたので，取り組みとしてはとても意義があったのかなと思います。

大谷 喜んでいるのは作品の舞台となった地域の方ということでしょうか。

松本 地域の方がさまざまな影響を受けているという印象です。一方，コンテンツ業界側は少し引いてみている面もあると思います。

大谷 動きが急で，コンテンツ製作者側からすると対応しきれないという話も聞こえてきたりします。山村先生はいかがでしょうか。

1　一般社団法人アニメツーリズム協会は，2017年8月，web投票などに基づき「全世界のアニメファンが選んだ『訪れてみたい日本のアニメ聖地88（2018年版）』」を発表した。

山村　もちろん製作者側には多様な事情があると思います。ただ地域の方々の多くはとても良いプロモーションの機会だと捉えています。「アニメ聖地88」に選ばれることによって，自分たちの地域の名前が作品とともに表に出る。これは地域プロモーションの面で好機であることには間違いありません。地域の皆さんは，地域資源，つまり自分たちがいまもっているものを，どうやって高付加価値化・ブランド化し，プロモーションしていくか，真剣に悩んでいます。その点でアニメコンテンツとのコラボレーションに1つの可能性を見いだしている状況だと感じます。

　若い世代のマーケットを開拓するという点でも，こうしたコラボレーションは訴求力があります。いままで高齢のお客様しか来なかった観光地に若い方々が来てくれる。先日，京都市の観光関係者の方にお話をうかがったら，京都にはあれだけ観光客が来ていながら，統計的にみると年配の方がまだまだ多いので，若い世代をもっと開拓したいとおっしゃるんです。これは，持続的な観光振興を考えるととても重要なポイントです。つまり，次の世代のファンを作っていかなければならないわけです。そういうときにアニメとのコラボレーションが有効だと，この観光関係の方はおっしゃっていました。

大谷　京都がそうした危機感をもっているのでしたら，他の地域はなおさらかもしれませんね。では，こうした動きを実効性のあるものにしていくためには，今後どのような工夫が必要になってくるのでしょうか。

山村　今回の「アニメ聖地88」の取り組みは，横のつながりを作る良いきっかけになると思います。いままでは，作品ごと地域ごとに活動してきたのですが，製作会社が違ったり地域が違ったりすると地域間の情報共有はほとんどなかったと思うんです。「アニメ聖地88」ができたことで横のつながりを作る動きが加速したのは大きな成果だと思います。もちろん，こうした枠組みだけに頼るのは地域としても危険だとは思いますが。

松本　地域の活動としてみた場合に，キャラクターとかポップカル

チャーに寄せていくという意味では,「ゆるキャラ」と並列で動いている部分もあるかなと思ったりします。「ゆるキャラ」と同様,いろんな切り口があるので,もう少しいろいろ出てきても良いのではないかと感じます。その意味で,88ヶ所というのはちょっと少なすぎる。最初の絞り込みとしては意味があると思うのですが,選ばれなかったショックも結構大きくて,選ばれた者と選ばれなかった者という構図になってしまう。

　それから,アニメツーリズム協会はコンテンツ製作者が主体になっていますが,地域主体の取り組みがあってもいいし,企業主体であってもいいと思うんですよね。ですから,これからはもう少しいろいろなものが出てきた方がいいかなと思っています。

大谷　こういう形でスタートしたことが呼び水になって,ここからまた広がっていけばいいと。

松本　そうですね。山村先生がおっしゃったように連携の効果もみえているので,「自分たちで別の切り口を作ろうよ」という動きがきっと起こってくるはずです。

山村　たぶんそれが「聖地巡礼」の完成形だと思います。「巡礼」ですからスポットではないんですよね。点を結んで線にならないと「巡礼」にはならない。そのあたりがポイントではないかと思います。

　「アニメ聖地88」でもう1つ重要なのが,インバウンド誘致を念頭において海外に向けた情報発信をしているところです。それによってアニメ聖地に対する海外からの認知度も高まっていることは確かです。いままでのまちおこし的なアニメツーリズムはドメスティックな動きだったのですが,これからは海外の人とどうやったら一緒にやっていけるのかという課題が出てきたのではないかという気がします。

大谷　小さな町が海外に情報発信するというのは極めて難しいわけで,それをみんなでまとまって取り組む。その意味ではアニメツーリズム協会の力は大きいんでしょうね。

山村　そうなんですよ。プロモーションという点では,地域にとっても作品にとっても,意味のある仕組みだと思います。

現実の風景がなぜ使われるのか

大谷 先行する動きとして，本書の第Ⅱ部で取り上げた3つの事例があります。鷲宮，秩父，大洗を振り返って，ご感想というか評価をおうかがいできますか。

松本 私はどちらかというとコンテンツ業界に近い立場から取材・研究を行っているのですが，『ガルパン』の杉山潔プロデューサーがインタビュー（まつもと［2016］）でおっしゃっていたように，まずは作品のヒットを大前提としているので，確率としてはその時点で相当低くなります。アニメは毎クール50本前後の作品が作られているので，後からみれば良い作品だけど，たまたまそのクールに大ヒット作が入ってしまったために陰に埋もれてしまう作品というのは絶対出てくるんです。そう考えると，この3ヶ所は非常に幸運な地域ということもできます。

　それから，改めて指摘しておきたいのが，地域のコンテンツはアニメに限らないはずなので，ある意味特殊な状況にあるアニメだけではなくて他の地域資源にもうまくあてはめられるモデルを提示できたらいいなと思っています。

大谷 地域資源をブランディングしていくようなイメージでしょうか。

松本 そうです。第1章で紹介していますが，東海大学の河井先生が提示している「地域魅力創造サイクル」（**図表1-5**）は，アニメだけではなくてさまざまなものにあてはめられるものです。アニメの場合は非常に幸せなことにファンが外部からやって来て，地域の魅力を発見してくれるわけです。それは地元の視点からはなかなか出てこないので，意外性とインパクトを持っている。ただ，あの図でいうと，発見を共有化して，正統化する部分については，地域のコミュニティの力が試されるわけです。そう考えると，もとになるコンテンツは，アニメではなくてたとえば小説などでも良いはずなんです。あるいは発見するための活動を自分たちで行おうという取り組みがあってもいい。

大谷 アニメコンテンツはあくまでも地域の魅力を発見するきっかけだ

と捉えれば，他の分野でも通用するモデルができるかもしれないということでしょうか。

松本 アニメの場合は最初のインパクトは大きいのですが，第1章でも書いたように，その他のコンテンツに比べると通常は寿命が非常に短いんです。地元の人がそれを理解していれば，短いライフサイクルの中でいかに大きくするかを目指して，権利元と連携しながらヒト・モノ・カネといった投資をする。そのサイクルが非常に早く回る様子を私たちはいわば観察することができるわけです。それに対して，アニメ以外のコンテンツでこのサイクルが回る場合にはもう少しゆっくりと，むしろ自然な形でこれが回ります。とはいえ，スピードは異なれど本質は一緒ではないかと感じています。

大谷 ありがとうございました。山村先生は，鷲宮について最初に論文を書いて「火を点けた」わけですが，改めて振り返ってみていかがでしょうか。

山村 責任を感じております（笑）。松本さんがおっしゃったように，ファンの方が地域に来ることで外部の「まなざし」を持ち込むわけです。それによって，地元の方が，自分たちがもっていた良いものを再発見するプロセスがまずある。そして，この点はアニメのもつ可能性かもしれないんですけど，ファン（旅行者）のまなざしの前に，もう1つの外部のまなざしがあって，それはクリエイターのまなざしです。クリエイターが舞台地を選んで風景を切り取って，作品に描くわけです。それによって地域の人が，地域の風景がもっていた魅力にまた気づく。そのあたりに実写とアニメの違いだとか，絵だからこそイマジネーションを掻き立てる力が強いとか，そういった可能性が出てくるのかなと思います。こうした点は次の研究課題ですね。

松本 絵もそうですし，物語もそうです。物語によって地域のさまざまなコンテンツに新たな文脈が与えられる。

山村 以前，2002年放送の『おねがい☆ティーチャー』[2]の舞台となった長野県大町市へ取材に行きました。アニメ放送がきっかけとなって，2006年8月に，同市内でアニメの背景原画展が開催されている

んですけど，この展覧会をみた，同作品を知らない地元の方々の多くが，「自分たちのふるさとはこんなきれいだったんだ」と感動したという話をうかがいました。アニメ作品の「美術（背景美術）」が，地域の方が地域の風景を再発見・再評価するきっかけになったんですね。そのあたりもアニメの1つの可能性かなという気がしました。

松本 アニメ作品の背景を描く人，いわゆる「美術」を担当する人たちは，物語のどのシーンでどのように使われるかということを理解した上で，単に美しいというだけではなくて，絵をみた視聴者が何を感じるかという部分まで計算・設計して描きます。その際に，その場所に求められる／与える文脈を把握することもすごく重要な作業なんです。それを外部の力でやってくれるというのは地域にとっては非常にありがたい話です。

山村 クリエイターには，地域の人では気づかない魅力をみつけて描く力があるんですよね。

大谷 フィルターが2枚入っているイメージでしょうか。まずクリエイターのフィルターがあって，それをみたファンの人がアニメ作品と現実の風景を見比べる。プロの眼をとおっている分，深いレベルで捉えられているという。

山村 そうだと思います。

松本 誤解が広がってしまったのはNHKの『クローズアップ現代』がアニメ聖地巡礼を特集したとき[3]に，「美術」の制作コストを減らすために現地を取材しているという説明がなされたことです。たしかにそういう一面もあります。たとえばファンタジーの世界をゼロから描き起こすのは，時間と人手の面で非常にコストがかかる。現場に行って写真を撮って，それを起こせば，その分のコストはある意味削減されます。でも，決してそれが一番の目的ではないわけです。

　「美術」としては，物語の文脈に則して感情の動きを生み出せるよ

---

2 2002年1～3月に全13話がWOWOWで放送されたPlease!原作のラブコメ作品。長野県大町市の木崎湖周辺が舞台のモデル。
3 『NHKクローズアップ現代　アニメを旅する若者たち"聖地巡礼"の舞台裏』（2012年3月7日放送）。

うに「借景」してくるのです。そして説得力ですよね。完全に架空のもので「美術」を構成してしまうとどうしてもそこに嘘が出てきてしまう。そこで現実の風景を借りることで説得力をもたせる。こうした点はコストで判断してはいけない部分，コストで語られてはいけない部分ではないかと思います。

山村 松本さんのご意見はとても重要だと思います。たしかにあのNHKの報道の仕方は視聴者に大きな誤解を植えつけてしまったと思います。技術革新とコスト面ばかりをクローズアップして，クリエイターが汗をかいている部分を全く無視してしまった。ファンタジーにどうリアリティをもたせるか。クリエイターは真剣に考えています。「聖地」を扱うのなら，まずそこを報道して欲しかった。

　そして，実はファンの側も，コンテンツをファンタジーとしてただ単に消費するだけではなくて，そこにリアリティをもたせるために現場へ旅をする。クリエイターとファン，お互いの思いが重なり合ってる部分が，いわゆる「聖地」にはあると思います。

大谷 『あの花』を製作した元アニプレックスの斎藤俊輔プロデューサーにお話をおうかがいしたら，青春物の作品は，現実のまちを舞台にすると，ストーリーがとても生き生きしてくるとおっしゃっていました。『あの花』や『ここさけ』のような作品は現実の舞台で話を展開させた方が良いと。こうした制作の事情をある程度は地域側も理解しておく必要があるだろうと思います。何でもいいから作品の舞台にして欲しいというのは，製作者からすれば困った話だと思います。

松本 その部分でアニメ制作の人たちは，エモーショナルにいうと「心血を捧げて」，ロジカルにいうと「コストをかけて」作っています。そこが逆転して，地域が主体になってまちおこしのためのアニメを作ってもなかなかヒットしない，インパクトが出ないというは，まさにその部分に起因しているのかなと思います。「物語」づくりのコストは，コンテンツ産業論でもあまり語られないんですけど，実は極めて重要です。単に現実の場所を舞台にすればいいというものではないということです。

山村 話が飛ぶのですが,『アルプスの少女ハイジ』の制作に際して,1970年代初期に,高畑勲さんや宮崎駿さんがスイスまでロケハンに行っているんですね。「美術」をどう設定するか,どうやって作品にリアリティをもたせるかという意識は,日本のアニメに脈々と受け継がれているのではないかと思います。だから,個人的にはロケ地もののアニメ聖地巡礼のルーツの1つは,初めて本格的なロケハンをした『ハイジ』だと考えています。『ハイジ』から生まれたロケハン文化はその後の日本のアニメの作り方に大きな影響を与えました。とりわけ「美術」の人たちが世界観や物語性をどう背景として描くのかという点,ここに日本のアニメの大きな魅力があるのではと考えています。

松本 『君の名は。』では美術監督を3人立てていました。非常に贅沢に,シーンの性格に応じてそれぞれの表現を得意とする美術監督を立てているので,あれだけのインパクトが生まれる。

「巡礼者」は何を求めているのか

大谷 もうお忘れかもしれませんけれども,2011年に出た埼玉県観光課の報告書の中で,山村先生は次のように書いていらっしゃいます。

「……鷲宮では,『らき☆すた』というコンテンツをきっかけに,地域に新たな物語性が付与され,それまであった歴史や伝統という物語と融合しつつ,町の人々と来訪者との交流が進んでいきました。当時,観光まちづくりの研究に限界を感じていた私は,その経緯を目のあたりにし,まさに救われる思いでした。いままで読んだ観光のどの教科書よりも,人間的な本質がそこにあるような気がしたのです。」[4]

「人間的な本質」という部分の「心」といいますか,具体的にどの点でこのように感じたかを教えていただけますか。

山村 こんなこと書きましたっけ(笑)。当時,もう,目からうろこが落ちたんです。それまでは,観光とは地域の側が地域資源を商品化して

---

[4] 『アニメで地域はもっと元気になれる!アニメを活用したまちおこし活動事例集』(埼玉県産業労働部観光課)。

旅行者に売るという仕組みだと思っていたんです。ところが，鷲宮に行ってみると，実はそうではなくて，コンテンツを媒体として来訪者と地域の人がコミュニケーションをとることが本質なのだと教えられました。鷲宮町商工会（当時）の坂田さんや松本さんがおっしゃっていたのですが，『らき☆すた』をきっかけに生まれた出来事というのは，結果として，本来出会うはずのなかった人を出会わせてくれる仕組みとして作用したんだと。そうか，コンテンツツーリズムとはそういうことなんだと感じたんです。お客さんが来て，商品を買って，さようなら，ではなくて，また行って，あの人に会いたいなと思う。作品という共通の話題もできるわけです。まさに観光の文脈でも，物語世界が大きな力をもつ時代に入ったんだと痛感しました。

松本 これは仮説ですが，文脈が共有されているような「幻想」がそこにあるということかもしれません。大洗もそうですけど，地元の方で『ガルパン』をご覧になっている人はおそらく少数派のはずです。しかし，ファンは「地元の人は『ガルパン』という作品を好きなはず」だという「幻想」をもっています。そこはお互いすごく繊細な部分で，大事にしなければという共通認識もあるはずです。

　出会うはずのない人たちが出会って，出会うだけでなく親しくなる。少し冷たい言い方だけど，「一見親しくなる」という見方もできます。しかし，物語を通じた文脈の共有があればこそそれは可能となっていて，鷲宮の場合でもそこから野球の試合にまで発展し，時間と経験を経て本当に親しくなっていく。『らき☆すた』が好きな人たちが集まっているはずだし，『らき☆すた』が好きな人たちが面倒をみてくれているという共通理解があるからですよね。それが生まれるのは，アニメだからなんでしょうか？　たとえば地域資源としての歴史，たとえば大河ドラマでも物語があるわけです。ところが，なかなかそうはなっていない。何が違うのかという点が気になっています。

山村 それはマーケットの違いかもしれません。第1章で松本さんが書かれていましたけど，ブランドロイヤルティの問題ですよね。『君の名は。』はどちらかというと大河ドラマに近いと思うんです。興行的

にまずはマスマーケット狙いですよね。

　一方,『らき☆すた』みたいな深夜アニメはそもそも対象がコアなマーケットです。マーケットとしては少数派ですから,（私もそうですが,）ファンが聖地に訪れる際も,自分たちが地域に受け入れられるかどうか,非常に不安なんです。面白いと思ったのが,『らき☆すた』ファンの多くが鷲宮を評して言う言葉は,「自分の居場所がある」なんです。「あっ,こういう評価ってあるんだな」と思ったんです。その居場所を商工会の方や地域の方が,松本さんの言葉にすると「幻想」かもしれないんですけど,作ってあげられたというのは非常に大きいと思っています。たとえば鷲宮の門前町にある魚屋さんには,自作の『らき☆すた』キャラの絵が貼ってあります。そうすると,ファンは「自分たちは歓迎されているんだ」と思うんですね。そのあたりのメンタリティが関係して,より深いつながりになっていったのかなという気がします。それに対して,大河ドラマはマスマーケットを対象にしているので,良いか悪いかは別として,1作品を1～2年で消費して終わりという仕組みになっています。

松本　現地を訪れる人たちは,自分たちが地域で受け入れられようという欲求をもってその地を訪れるわけではないですよね。最初はそうではなかったけれども,地元の人たちが暖かく迎えてくれたことに対して,日常得られなかった喜びを感じて足繁く通うようになった。

　そう考えると,先ほどの「地域のサイクルがゆっくり回ればいいじゃないか」という話も,ある意味お客さんが違うということなのかもしれません。コアなファンは実は心の底で交流や受容されることに強い欲求があるので,短い時間でその地域が一気に盛り上がる。それに対して,アニメ以外のコンテンツのファンにはそこまでの強い欲求はないけど,人間が本来もっている欲求としては当然コミュニケーションを取りたい,交流したい欲求もあるから,一般的なレベル感でサイクルもゆっくり回るケースもあるということなのかもしれませんね。

大谷　鷲宮を長年取材している埼玉新聞の記者の方が,鷲宮に来るファ

ンは違う世代の人と普通に世間話ができることが嬉しいのではないかとおっしゃっていました。もしもファンの多くが，コミュニケーションが苦手だったり，自分で苦手だと思っていたりしたら，普通にそれ（世間話）ができる人に比べて何倍も嬉しいのではないかと。松本さんがおっしゃったように最初からそれを期待して来たわけではないけど，来ていろいろと話してみたら，こんなにもコミュニケーションがとれて嬉しかったという感動が生まれていたのかもしれません。人間のコミュニケーションに対する欲求を掘り下げていったときに意外と重要なポイントに行きあたるような気がします。

山村 第Ⅱ部で取り上げた3つの町のキーポイントはそこかもしれないですね。秩父でお話をおうかがいしてなるほどと思ったことがあります。『あの花』のテレビ版のファンが訪れていたときは，鷲宮と同様に，ゴミは拾って帰るし，非常にマナーも良かった。ところが，劇場版が公開された途端にお客さんが急増した。それほど作品に思い入れもなく，ブームに乗っただけの，いわゆる「カジュアル」な人たちが増えて，ゴミも増えた，ということがあったそうです。

松本 バンダイビジュアルの杉山さんが同じ指摘をされていました。劇場版が公開されて，『ガルパン』のファン層が広がって，若い人，10代の子たちが訪れ出したときのことをとても心配されていました。

大谷 高校生，大学生くらいの年齢層が大勢押し寄せると，地域とファンの関係性が変わってくるというのは，一般的な傾向としてあるのかもしれないですね。

山村 「アニメ聖地88」もそうなんですが，マスマーケット向けに聖地巡礼をプロモーションする際，十分に注意しなくてはいけない点です。

松本 そこで，「ルールとかマナーとかを大事にしましょう」と呼びかけを行って効果があるのが，コンテンツ製作者なんです。地域の人たちが，お客さんとして来ている人たちに対して，「こんな風に振舞ってください」とはなかなかいいにくいところがある。しかも，物語の文脈に沿った説得力のある言葉で届けないといけないので，コンテンツ製作者から働きかけないといけない。大洗の場合もコスプレ撮影につ

いての注意喚起を製作者がやっています。『この世界の片隅に』でも，主人公のすずさんが嫁いだ先の家があるとされている地域は一般住宅地で「聖地巡礼」して欲しくない場所なんです。それを監督がツイッターで注意喚起[5]されたのですが，監督がいえば，みんな「そうだよね」となる。コンテンツ製作者の働きかけがかなり重要になってくると思います。現実にはなかなかそこまで手間をかけられなかったりはするんですけど。

地域側の組織づくり

大谷 そういう意味でいうと，大洗は相当うまくいっているケースだと考えて良いですよね。先日，鷲宮の商工会の松本真治さんが，埼玉県主催の視察ツアーで初めて大洗に行かれたそうです。その次の月にお会いしたら，「大洗は素晴らしいとしか言いようがない」と絶賛していました。理想形に近いという印象を受けたそうです。だから，「これからこの手のことに取り組もうとする地域は，真似はできないけど，少しでも大洗に近づく努力をしたらいいんじゃないか」という話をされていました。

松本 コンテンツ製作者が毎週のように通って，地元の人たちと作戦会議をやっているというのは非常に理想的です。私も杉山さんへのインタビューで繰り返し確認したんですけど会社もよくそれを認めたなと。

一方で，鷲宮の例が時代遅れだとも思っていません。製作者がそこまでコミットしてくれるのは，非常に幸せというかレアケースだと思うんです。鷲宮では，『らき☆すた』をある意味自分たちのコンテンツとして取り込んでしまった部分もあると思っています。別に角川書店から『らき☆すた』と鷲宮ということで働きかけをしなくても，地域が動けばあたかも『らき☆すた』が動いているかのようにみえる状

---

[5]「お願いがあります。私どもの手で「この世界の片隅に」のロケ地マップを作りましたが，辰川バス停から先，北條家があると想定されるエリアについては，あえて地図には載せていません。そこから先は道の狭い一般住宅地で，そこに住まわれる方にご迷惑がかかるのを恐れてのことです。」(https://twitter.com/katabuchi_sunao/status/818425601501466625，2017年12月14日)

況を作ったわけです。

　それから，大洗も「次の展開」を探っているところあるのではないかと思ったので，第1章でアライッペと『ガルパン』がコラボレーションしている例を紹介しました。『ガルパン』は，いつかは必ず終わってしまうわけですが，アライッペのような「ゆるキャラ」はもう少しライフサイクルが長いはずです。コンテンツが生み出した「力」を製作者から地域に平和的に移譲するようなイメージです。それが鷲宮では結果的になし崩し的に行われましたが，それも1つの成功例だと思います。誰もが大洗にはなれないので。

山村　タイプが違うというのはありますよね。『ガルパン』はオリジナルアニメなので，その作品をコンテンツ製作者と地域が慎重に扱っていると感じます。一方，鷲宮は，パイオニア的な事例だったこともあり，立ち上げの頃から非常に思い切った実験的なことに挑戦しています。だからこそ，仕事の枠を超えた人間的なつながりが，製作者と地域に強く出来上がっているように感じます。土師祭などでも，もう誰がファンなのか，地域の方なのか，製作関係者なのかわからない状況で盛り上がっている（笑），という雰囲気があって，それはやはり鷲宮にしかない面白さかなと思います。逆にいうとその辺のあいまいさがあるので，システムとか仕組みとしては大洗みたいにしっかりとできてないと商工会の松本（真治）さんが感じてしまったのかもしれません。鷲宮も大洗もそれぞれが置かれた状況の中で関係者が頑張ってこられた結果の個性と捉えるのが良いのではと思います。

松本　システマティックに真似をしようとすれば，大洗を目指す方をよりお薦めするという，その気持ちはわかる感じはします。

大谷　第4章でも書いたのですが，最近の鷲宮では組織づくりを進める動きも生じています。

山村　秩父はそのシステムを作ろうとした先駆けですよね。そうした流れもこの3つの例はとても面白く見渡せるという感じがしました。

鴨川は「失敗」したのか

大谷 成功した事例がある一方で，第1章と第3章で触れている鴨川をどう評価するかというのも非常に重要ではないかと考えています。お二人からみて鴨川と『輪廻のラグランジェ（ラグりん）』のケースについてはいかがでしょうか。

山村 決して「失敗」と言ってはいけないと思っています。これは先に出てきたNHKの番組の責任が非常に大きいと思うんです。報道内容に編集上のかなりの偏りがあって，鴨川の事例のネガティブな部分ばかりを強調してしまった。その後そうしたネガティブ・イメージだけがSNSで拡散されました。もちろん，当時の他の事例と比べたら，鴨川は入込客数が多いわけではなかったし，イベントの規模も大きくなかった。ですが，地域の皆さんも製作関係者も真剣に頑張っていたわけですし，現在でも，製作関係者と地域の皆さんとの付き合いがずっと続いています。原画が地域に寄贈されて郷土資料館に展示されたりもしていますよね。こうした取り組みはとても良いことだと思います。その意味で，失敗例ではないし，評価すべき点も多くあるのが事実です。第1章で書かれていたとおり，「風評被害」という面もかなりある。鴨川以外にも，あの番組で取り上げられた個人や企業で負の影響があった方がいらっしゃるんですよ。番組やSNSで負のイメージを押しつけられてしまって，地域や事業で頑張っている人たちが足を引っ張られてしまった。

松本 番組の中では，作品の舞台となった場所にキャラクターのスタンドポップが設置されたことをファンが望まない行為の例のように取り上げていましたが，それをいってしまったら大洗の商店街各所にたくさん立てられたスタンドポップはどうなんだ，ということになってしまいます。とても好評ですよね。

山村 あの番組に関しては，報道として，やはり内容に偏りがあってまずかったと思います。最初からこの例は良い例，これはダメな例というシナリオで話が進んだ。あの番組がアニメ聖地巡礼とかまちおこし

に与えたネガティブな影響は非常に大きいと感じます。

大谷 これはある方から聞いた話なのですが，あの番組は，もともとはローカルの番組企画としてスタートしていて，途中から『クローズアップ現代』という全国版の番組にある意味格上げされた。そのため，取材した地方局の意図と編集した東京放送局の意図がかなり違っているらしいんです。当初は，製作者側とここまで積極的にかかわっている地域があるという割と好意的なスタンスの取材だったようです。

　ひとまず番組の制作過程の問題は置いておくとして，鴨川から何を学ぶかといえば，「成功」か「失敗」かの判断は相当に難しいという点ではないでしょうか。ただ，個人的には，鴨川の挽回もありえなくはないと思っています。苦境から復活する「物語」というのは非常に魅力的ですので。鴨川と『ラグりん』の関係はこの先何十年か続いていきますので，是非とも頑張っていただきたいですね。

山村 中心になって活動している岡野（大和）さん（「輪廻のラグランジェ鴨川推進委員会」会長）が，とても頑張っていらっしゃいますよね。結果としてあの番組の波紋が，そういう熱い思いをもっている人の足を引っ張るような形になってしまっている。これは本当に残念なことだと思います。

大谷 鴨川の事例は，引き続きみていかなければいけない重要な事例だと思っています。

コンテンツツーリズムをどう評価するか

大谷 話の流れで，コンテンツツーリズムや，アニメ聖地巡礼をどう評価するかという問題に入りたいと思います。ある種の政策としてみてしまうと，要したコストを上回るベネフィットがあるか否かという話になりがちです。これも1つの見方ではあるのですが，お二方はどのような視点で捉えるのが適切だとお考えでしょうか。

松本 第1章で書いたように，非常に難しいのですが，ブランド価値を数値化して評価していくことが必要だと思います。直接・間接の経済

効果で測ってしまうと『君の名は。』でも大したことがないわけです。あれだけでみてしまうと本当に先細りでしかないので。

大谷 イベントを開催してこのくらい経済効果がありましたとか，プロ野球チームが日本一になってこのくらい経済効果ありましたという話と同じで終わってしまうわけですよね。長期的にみて地域のブランド価値がこれくらい上がりましたよという部分をうまく測れる方法があれば，見方が変わってくるということでしょうか。山村先生はいかがでしょうか。

山村 コンテンツ製作者の視点から，作品の寿命をいかに長くすることができるか，その作品をどれだけ細く長く消費し続けてもらえるか，ファンを再生産できるか。そのための仕かけとしてツーリズムや地域とのコラボレーションを位置づけていくと何かみえてくるのではないでしょうか。いわゆるパッケージが売れない中で，次の世代のファンを増やしながら，作品を長く消費してもらえる仕組みをどうやって作るかというのは，かなり大きなテーマだと思います。そのために，「アニメ聖地88」のようなプラットホームで海外にアピールしたり，地域資源とコラボレーションしながら地域から作品情報を発信したりすることが，新しいマーケットを開拓する上での選択肢として具体的に認知されるようになってきたわけです。

松本 海外ではいまだに『ガッチャマン』のような懐かしい作品も再放送されて人気があります。それによってファンが繰り返し生産されていくというのはまさにおっしゃるとおりです。コンテンツ製作者側の人間はそういう考え方に割と親和性がありますが，改めて調べてみて思ったのが，経済効果やブランド評価を測るツールを実は地域側があまりもち合わせてない。これは国におけるコンテンツ政策，経済産業省がクールジャパン政策にどういう予算のかけ方をして，どういう評価をしているかというのと数珠つなぎでつながっていく話です。そこの測り方を何か生み出していかないと先細りになってしまうのではないかなというのはずっと懸念しているところではあります。

山村 地域の側がそういう物差しを作れずにいるのが現状ですよね。

松本　たとえば「アニメ聖地88」に選ばれましたというのは1つのブランド価値だと考えられ，一定の効果はあると思います。「ゆるキャラグランプリ」と同じように，賞を取ることを目指して投資をするし，メディアに露出することで話題にもなる。もしかすると観光客が増えるかもしれない，B級グルメが売れるかもしれない。でもいま，「ゆるキャラグランプリ」が大変なことになっています。ほとんど参加者がいない状態なんです。あまりにも肥大化して飽きられてしまったという部分もあるし，「お金がかかるのでもういいかな」ということにもなっている。アニメの聖地もそうならないとも限りません。舞台には選ばれたとしても，いまの測り方では経済効果といっても大したことはない。「じゃあ，あまりやらなくていいんじゃないか」ということにならないともいえない。だから，この指標づくりは急がれているのではないかと思っています。

地域産業との連携

山村　観光の分野でいうと交流人口が1つの定量的な指標になると思いますが，六次産業化的な地域の産業連環にアニメ産業が加わることで連環をより密にできるとか，地場産業発展の新たなきっかけになるといった発想がこれからは重要ではないかという気がしています。単にアニメ産業と観光業のコラボレーションと捉えてしまうと非常に小さくなってしまうのですが，それぞれすそ野が広い産業ですから，コラボレーションのあり方の多様性を考えることが今後の論点の1つになるのかなという気がしています。

松本　具体的には，「伝統工芸×アニメ」とか。

山村　そうですね。アニメにしても，「美術」の部分もあれば音楽の部分もあれば声優さんの部分もあります。観光との連携でも，音声ガイドもあればマップづくりもあればコラボホテルルームもあればで，まだまださまざまな可能性があると思います。

　それから，今後，地方で，アニメ産業をはじめとしたクリエイティ

ブ産業，コンテンツ産業がどこまで立地していけるか，というのも大きなテーマです。クリエイターの生活の質という面では地方にかなりのメリットがある。企業の集積という面では東京と比べデメリットがあるかもしれませんが，情報インフラの整備がそうしたデメリットを埋めつつあります。ただ，同業他社が近くにないと転職が難しいというのはあるかもしれませんが。

　でも，地方は東京と比べたら生活環境がとても良いので，同じ賃金でより快適な暮らしができる。クリエイターも腰を落ち着けて，より良い生活環境でより良い創作活動ができるのではないでしょうか。その意味で，地方でコンテンツ産業を展開していく可能性があるように感じています。富山県南砺市[6]などはその先駆的事例でしょうか。作品と地域のコラボレーションが，東京中心のあり方を是正し，地方で産業が根づいていくきっかけになればすごくいいなという，一地方人としての個人的な願いです。

大谷　南砺市とは事情が違うかもしれませんが，宮城県に白石市というまちがあります。伊達政宗の重臣の片倉小十郎が治めていた城下町で，以前から片倉小十郎をまちおこしに活かそうと取り組んでいました。それで，ゲームやアニメの『戦国BASARA』[7]で片倉小十郎がフィーチャーされたときに市内の事業者がさまざまなライセンス商品を売り出しました。現在では，『戦国BASARA』のライセンス事業は終わっているのですが，版権ビジネスについて詳しくなった市内のメーカーが他の作品とコラボレーションする動きがみられます。また，テレビアニメで片倉小十郎役を務めた声優の森川智之さんは白石市のアンバサダーを務めていらっしゃいまして，市の情報発信にたいへん貢献されているそうです。

　アニメコンテンツとのコラボレーションをきっかけにして，地域に

---

[6] 富山県南砺市にはアニメ制作会社，株式会社ピーエーワークスが本社を置く。同社は，『true tears』『花咲くいろは』『SHIROBAKO』などの作品を手がける他，地元自治体と連携した映像制作も行っている。

[7] 株式会社カプコンから発売されている戦国武将をキャラクター化したアクションゲームシリーズ。ゲームを原作として，テレビアニメ，映画化，舞台，書籍などにも作品展開している。

ノウハウが蓄積されたり，人脈が生まれたりする可能性があります。「アニメ作品の舞台になってファンが来ました，作品の人気が衰えたら元に戻りました」ではなくて，作品の人気が持続している間に，先を見据えてノウハウを蓄積して，アニメ以外の地域資源を含めて上手に地域の価値を高めていける流れになったら素晴らしいと思います。

松本 産業として多角的な可能性があるという山村先生のお話がありましたが，その場合，版権がボトルネックになっているところがあって，通常は権利元は権利をホイホイとは出したくはないんですよ。手間もかかるし，ある地域にだけ特例で版権をゆるくするというのもやりにくい。他地域のビジネスのやりとりはいままでどおりやっているとなると不公平感が出るので，なかなか「くまモン」的な展開はできないところはあります。ただ，『戦国BASARA』のSDキャラ[8]のように，すべての版権ではなくて，一部の特定の版権を特定の地域にオープンにするというような工夫ができるともう少し展開が広がるかもしれません。

求められるプロデューサー的人材

大谷 そのあたりは担当の方の柔軟性という部分も大きいわけですよね。『戦国BASARA』でライセンス事業を担当されたプロダクション・アイジーの郡司（幹雄）さんなどは非常に戦略的に対応されました[9]。

山村 その意味でいうと，一方の地域の側にもプロデューサー的ノウハウのある人がいないと厳しいですよね。

松本 その点も第Ⅱ部の3つの事例の幸運な共通点です。

大谷 図らずも人材の話になりましたので，次にこの点についておうかがいしたいと思います。3人とも大学教育にかかわっているわけです

---

[8] スーパーデフォルメ・キャラクター。オリジナルに比べて頭身の低いキャラクターのこと。
[9] テレビアニメ『戦国BASARA』の放送に際して，宮城県や仙台市，白石市などと連携し，地域ぐるみの取り組みを展開。初期に支払うロイヤリティを下げてライセンシー（ライセンスビジネスの参加企業）のリスクを軽減することでライセンスビジネスの経験がない地場企業のチャレンジを促し，商品販売数量を伸ばすことで版権元のライセンス収入も増加する，という製作者側と地域側の双方にメリットが生まれるスキームを構築した。

が，コンテンツツーリズムなり，コンテンツと地域の関係なりを考えていくために，研究面と教育面で何が必要だとお考えでしょうか．

山村 コンテンツツーリズム教育の現状についていうと，研究者は研究者，業界は業界，地域は地域という形で分断されている感があります．三者が共同で語る場というのがありそうでないんです．私自身，大学の特別講義で実験的に，プロデューサーさん，著作権の専門家，地域の方などをお招きして講義してもらって，学生に関係者の立場と論点を理解してもらおうという試みを行ってみたのですが，現象が俯瞰できてとてもためになった．そういうネットワークづくりと教育への還元みたいなものがこれから必要ではないかという気がしています．今回，われわれが１つの本で協働できたというのはそういう意味でも良い機会かなと思っていて，次のステップは実際にコンテンツを作っている方とか権利の専門家の方とかにチャプターを分担してもらいながら総合的な教科書ができるといいのかなと考えています．いま，この分野の教科書がないですよね．学問体系としても成立していないので，そこがまず大きなテーマかなという気がしています．

　それから，地域側のプロデューサーを育てるという話でいうと，DMO[10]人材の育成と重なる部分も多いですし，行政によくあるシティプロモーションやブランディング関係のセクターの仕事と共通する論点も多い．こうした分野における知見も取り入れながら，教育内容を充実させていく必要があると思っています．

大谷 ありがとうございました．松本さんはジャーナリストでありつつ大学でも教えるという立場ですが，日頃かかわっていていかがでしょうか．

松本 私はデジタルハリウッド大学[11]の大学院の２期生ですが，あの学校は，当時経産省とも連携してプロデューサーの育成ということを大きく謳っていたんです．その頃ちょうど東大でもコンテンツ創造科学

---

10 Destination Marketing ／ Management Organization．多様な主体を調整しながら地域の観光振興を推進する組織．先進地である欧米を参考に，観光庁が日本版 DMO の形成を進めている．
11 2004 年にデジタルハリウッド大学院大学として開設された株式会社立大学．2005 年にデジタルコミュニケーション学部を開設し，デジタルハリウッド大学に校名変更．

産学連携教育プログラムというのがあって，デジハリ修了後に私も通ったんですけど，ここもプロデューサーの育成が目的でした。人材育成という観点からいうと，やはりプロデューサーを生み出さないことには，いくら知見が共有されてもそれを現場で回せる人がいないので，ここが重要だと思います。

　ところが教育機関でのプロデューサーの育成は，いったんは頓挫してしまったといわざるをえません。これはアニメの産業構造とも絡みますけど，プロデューサーを想定して教育した後で実際に現場に送り出すわけです。そのときに多くの場合は，制作進行職で入るのですが，その業務はビジネスプロデュースと直接関係がありません。ひたすら素材や資料を運び，スケジュールを管理し……といったことをやっている。そうするとカリキュラムに対して推進・監督する立場の文科省としても，あるいは産業面からフォローアップする経産省としても，成果が上がってないではないかということになってしまって，プロデューサー育成に対する教育への取り組みはしぼんでしまったところがあります。

　ただ，中長期でみて絶対に効いてくる人材なので，プロデューサー育成は続けてもらわないと困るというのが私の考えです。せっかく大学という教育機関がある中で，将来のプロデューサーが著作権や資金調達といった基礎知識も知らないままアニメ業界に入っていくというのは非常にロスが大きい。これは自分の取り組みの中でももう少し何とかしたいと思っています。

大谷　就職後のキャリアパスがはっきりしていない上に，大学で勉強したことと実際に現場に入ってからのギャップが大きすぎて，つながっていかないということでしょうか。

松本　そうです。ギャップが大きすぎると考えています。また産業界側の受け入れの構造もあって，たとえば『けものフレンズ』[12]の福原（慶

---

[12] 「けものフレンズプロジェクト」がゲーム，アニメ，舞台等で展開するメディアミックス作品。少女に擬人化された動物のキャラクターが登場する。テレビアニメは2017年1月～3月にテレビ東京系で放送された。

匡）プロデューサーにしても，東映アニメの野口（光一）プロデューサーにしても制作進行出身ではありません．音楽事業出身だったり，アメリカのCG業界で力をつけた人だったりするので，キャリアパスは全然違うんです．そういう人たちが頭角を現しているし，イノベーションを起こしている．ということは産業界側の受け入れの体制の問題というか，キャリアパスを変えないといけない時期に来ているのではないかと思います．教育側がプロデューサーの卵をしっかり育てる．産業界側がそのプロデューサーの卵をちゃんと孵化させてキャリアパスに乗せるということですね．それをやらないと中国などの海外勢に負けてしまうと思います．それも，数年以内にという危機感も産業界からは聞こえて来ます．

大谷 コンテンツ産業だけではなくて，プロデューサーになるための勉強をした人が地元に帰って公務員になったりしても，そのエッセンスを活かせるわけですよね．

松本 そうですね．プロデューサーとは突き詰めれば経営スキルをもつ人材ですが，現状だとアニメ産業ではギャップが大きすぎるので，残念ながら他の分野に行った方が本人にとっては幸せだったというケースも散見されます．

大谷 現在は，どこの地域も六次産業化や地域ブランディングなどに取り組んでいますので，そういう分野でも広い視野でプロデューサー機能を活かせる，そんな人材育成につながればいいですね．「人材育成」という言い方は「上から目線」ではありますけど．

松本 たとえば福原さんは真剣にプロデューサー育成の教育機関を作りたいといっています．問題がみえているから，やらないといけないことは明確になっていると思います．

コンテンツと地域の幸せな関係とは

大谷 それではそろそろまとめに向かいたいと思います．『あの花』の斎藤プロデューサーに，製作者からみて現実の場所を作品の舞台にする

とどんなメリットがあるんですかと聞いたときに，作品がずっと生き続けていくことが大きいとおっしゃっていました。作品の本数が多い中で，「アニメ放送のその先」があると思ってもらえると。

　こうした部分はお金にはならないかもしれないけどという前提でお話しされていたのですが，第1章で松本さんがお書きになった話に引きつけて考えると，製作者がもう少しブランド形成とか資産形成という長期的な視点で地域とコンテンツの関係を考えていくことはできないものでしょうか。

松本　やはり良い作品を作ることが大前提なので，製作者に地域のために何かやってくださいというのは難しいかもしれません。ただし，作品ができた後の運用のところできる工夫というのはいろいろあるはずです。その場合，東京の製作委員会でみえている景色で展開するのではなくて，現地の景色・世界観の中で展開を組み立てることが大切だと思います。『ガルパン』の杉山さんの場合，大洗に足しげく通ったからこそ，ライセンスについては柔軟なやり方をしましょうといった発想が出てきたわけです。それは作品というモノづくりとは違うフェーズで，コトづくりのフェーズに入ったところでやっている。

大谷　コーディネーター的な調整機能ということでしょうか。

松本　単なる調整とは違います。はっきりいうと従来のビジネス慣習を壊さないといけない部分があって，ライセンスを柔軟にすると必ず出てくるのが商品化の窓口をもっている会社等からの「なぜあそこだけ特別扱いなんですか，売り上げも上がってないのに」という反応です。そこで一旦壊しておいてから調整にリソースを割く。杉山さんの場合は毎週のように大洗に通うことで，その1つの形を示したと思います。

大谷　ありがとうございました。山村先生からは製作者と地域とのかかわり方という部分でお願いできますか。

山村　いろいろな事例をみていると，双方が「作品」をどれだけ大事にしていけるかがかなり重要なポイントだと感じています。もちろん，作品の質は重要なのですが，それ以上に，後々の名作として一緒に育てていけるかどうか，そういう姿勢があるかどうか，が地域と製作者

との付き合い方の1つのポイントになっていくように思います。地域の側も，自分たちが関係する優れた作品だと思えば，それを「名作」にしていこう，ずっと応援していこう，という熱意で動いていくことが鍵だと思います。たとえば，尾道に行くとそれを感じます。大林宣彦の作品のみならず小津安二郎の『東京物語』のファンもいまだに来ている。若い映画ファンや映画を学ぶ人は「名作」なのでこうした作品をみなければいけないということで世代を超えて見続けられている。他にもそうしたマスターピースの事例はたくさんありますが，いずれにしても時間をかけて作品を「名作」として育て，大事にしていくところに，地域と製作者の協力関係の長期的目標があるのかなと思います。

　製作者の視点からいえば，短い周期で投資を回収するビジネスモデルとは異なる論点です。松本さんがおっしゃるとおり新しいビジネスモデルをどう作っていくのかという論点とも重なるかもしれません。実は，製作者側からみたら，特定の地域と組むことは，手間もかかるし，投資回収の面では効率も悪い面が多い。では中長期的なスタンスで，作品自体が長く消費されていくビジネスモデルを構築する場合，製作者側と地域の側が協力することのメリットはどこにあるのか，そのあたりを双方がしっかり考える必要があるように思います。

松本　良い作品だから長く愛されるというのは絶対不変の原則だと思います。まずはそこについては製作者がやっていきましょう。そして，幸いにも長く愛されるいい作品ができたならば，それを地域やファンが楽しめるような工夫を継続的にやっていきましょうという話だと思います。

　最初の話に返ると，滅多に生まれない「長く愛されるコンテンツ」がたとえなくても地域ができることはあるはずです。大洗はアニメが来る前から無意識のうちにそのサイクルを回してたはずなんです。その備えがあったからこそ，いざ作品の舞台として選ばれたときにそれを120パーセント活かすことができた。だから選ばれてない地域もやはりそのサイクルを回しておくことはとても重要なんですよというのが私のまとめになるかもしれません。

大谷 コンテンツ製作者，地域，ファンが何らかの形で仕組みというか関係を作っていく，それも中長期的な視点でうまく作っていくことが必要だといえるかもしれませんね。

最後に無茶振りです。2017年9月の「土師祭」で『らき☆すた』の柊つかさ役の声優の福原香織さんが，「らき☆すた神輿」を担ぐときの口上を述べました。現場で実際にお聞きになった山村先生，製作者，地域，ファンの三者が「三方良し」の関係を築くためには何が必要かというところにうまく話つなげていただくことはできますか。

山村 現場にいて思ったことが「2.5次元」なんです。まさにキャラクターがそこにいてしゃべっているように感じるんです。それはそれですごいなと思ったんですけど，でも本質的にもっと重要な部分があると思っていて，福原さん自身が鷲宮のファンになってくださっているんです。鴨川もそうなんですけど，作品をきっかけに製作者も地域のファンになってくれているところに，トライアングルモデルの三角形を非常にきれいな形にしていく，双方向にしていく，1つのポイントがあるという気がしています。いままではファンをどうやって引きつけて，ファンにどれだけ作品と地域を楽しんでもらえるかという矢印については論じられることが多かった。それに対して，製作者が作品をきっかけに地域をどれほど好きになってくれるかということはあまり論じられてこなかったと思うんです。そこはこれから論じるべき重要なポイントという気がしています。

北海道に浜中町という町があって，『ルパン三世』の原作者であるモンキー・パンチ先生の出身地なんですけど，「ルパン三世フェスティバル」というイベントを毎年夏にやっています。モンキー・パンチ先生ご自身が献身的にイベントに参加してくださったり，ルパン役の声優の栗田貫一さんがとても浜中町を気に入ってくださったそうで毎年出演していらっしゃったりしています。そういう関係が出来上がると，聖地のステータスではないですけど，ステージも上がるという気がしています。作品をきっかけに，製作スタッフの第二の故郷，避暑地みたいな場所ができてくるとすごくいいのかなと思います。また，製作

関係者に愛される場所になることによってファンにとっての場所の重みも増すという側面があると思います。

大谷 トライアングルモデルでいうと，最初は製作者と地域とファンが分かれているけれど，もはや製作者がファンでもあるし地域の関係者にもなるというイメージですね。一人で三角形ができる。

山村 そうなんです。福原さんの「らき☆すた神輿」の口上を生で聞いて，三角形が混じり合っていくのが1つのゴールかなという気がしました。

松本 そこが鷲宮の良さだという気がしますね。まさに混然一体となったというか，カオスですよね。

山村 鷲宮のイベントには『らき☆すた』の原作者の美水かがみ先生も何度も参加してくださっています。

大谷 『ガルパン』の場合もプロデューサーの杉山さんが大洗のファンであり，大洗の関係者という感じですよね。製作者が地域にコミットメントしていくことで持続性が生まれる。そういう場所は成功して，ずっと続いていくということでしょうか。

山村 そこが大事だと思います。

大谷 本日の議論では，いろいろと示唆に富む論点が出てきました。良い作品が出発点となること，クリエイターとファンの「まなざし」の問題，交流の価値，ブランド評価と新しいビジネスモデルを構築する必要性，プロデューサーの育成を巡る問題，コンテンツの広がりを踏まえた研究・実践の必要性，コンテンツ製作者のコミットメントによる持続性などといった点です。次の章ではこれらを改めて論じていきたいと思います。

　本日はどうもありがとうございました。

（2017年12月14日，東京都内にて収録）

終章 アニメコンテンツと地域を考えるための7つの論点

　現在，アニメ聖地巡礼は一種のブームとなっている。しかしながら，アニメツーリズムを通じて，コンテンツ製作者，ファン，地域社会の三者が「三方良し」の状態を築くことは存外に難しい。互いの利害は一致しないからである。本章では，前章までの議論を踏まえ，「三方良し」を実現するために意識すべき7つの論点を提示する。地域社会がアニメコンテンツとかかわる上での「勘所」として捉えて欲しい。

❶ 出発点としての質の高い作品

　コンテンツ製作者，ファン，地域社会の間で「三方良し」を実現するための必須条件が作品の質の高さである。作り手の意図は作品を通じて視聴者に伝わる。作品に心を動かされるからこそファンはその舞台へと足を運ぶのである。仮に不自然な舞台設定やストーリー展開がなされれば，それも見抜かれる。作品の好き嫌いは個人の嗜好によるが，作品の良し悪しはみる人がみればある程度はわかる。

　第Ⅱ部で取り上げた3つの事例にしても作品に恵まれたからこそ，多くのファンが来訪し，結果的に地域が盛り上がった。まずは良質な作品が生まれ，ヒットすることがすべての出発点となる。アニメツーリズムにおける「三方良し」とは，作品の評価，ファンの満足度，地域の魅力がともに高まることである。アニメ作品の舞台に選ばれた地域は，観光振興の前に，作品の質を高めるためにどのような貢献ができるかを考える必要がある。

（大谷）

❷ ファンと地域住民の交流が生み出す価値

　アニメファンが作品の舞台を訪れる目的は，作品世界を何らかの形で体験することにある。しかし，それだけではファンが通い続ける理由にはならない。『らき☆すた』の舞台のモデルである鷲宮が示したのは，コンテンツがもつ地域経済効果というよりは，来訪者と地域住民，あるいは来訪者同士の交流が生み出す「引力」の強さである。鷲宮を訪れた『らき☆すた』ファンの一部は，作品のファンにとどまらず，次第に町のファン，住民のファンになっていった。

　作品の舞台では，アニメコンテンツをきっかけとして，年齢，性別，居住地，職業，そして時に国籍や言語の垣根を越えたコミュニケーションが生まれる。そこで交わされるのは，ごくありふれた会話ややりとりかもしれない。しかし，人によってはその経験が想像以上に大きな価値を生む。アニメツーリズムを持続させるのはこうした交流の「引力」である。そこに，コンテンツ製作者のサポート（イベント協力など）が加われば，ファンは現実世界において「コンテンツの先」をより楽しむことができる。

（大谷）

❸ 地域の魅力を発見する制作者とファンの 2 つの「まなざし」

　イギリスの社会学者ジョン・アーリが著した『観光のまなざし』（The Tourist Gaze）によって，「まなざし」（gaze）は観光研究における重要な概念となった。この場合の「まなざし」とは，何に目を向けるか，そこからどのような意味を読み取るかにかかわる概念である。

　アニメコンテンツの制作者（脚本家，監督，演出家等）は，作品に不可欠な要素として現実の風景やスポットを切り取る。それは一般的に美しいとされる風景や有名なスポットではないかもしれない。あくまでも，物語のリアリティを高めるため，作品の質を高めるために，制作者の「まなざし」によって選ばれる。そして，作品の舞台を訪れるファンは，作品世界を体験するために，制作者の「まなざし」によって切り取られた風景を再確認する。ここにアニメファンの「まなざし」が存在する。

われわれは何かをみるときに，誰かの「まなざし」を借りてみている。他者の「まなざし」を意識することで，ものの見方が相対化される。そのことは，見慣れた風景を再発見・再評価する機会となる点で，地域住民にとっても大きな意味をもつ。

（山村・大谷）

❹ コンテンツ産業・観光産業・地域社会の領域横断的な連携

アニメ聖地巡礼にばかり注目が集まるが，地域とアニメコンテンツとの連携は観光分野に限らない。地域プロモーションのためにアニメキャラクターを活用することもできるし，コンテンツ産業を地場産業的に育成する途もあるかもしれない。また，連携の効果もさまざまである。経済効果はその1つであるが，他にも，地域住民が，自分たちの地域を見直したり，来訪者との交流に生きがいを見いだしたり，知的財産に関するノウハウを身につけたりするきっかけになりうる。

地域とアニメコンテンツのかかわりを多角的に捉える視座が必要である。アニメツーリズムであれば，アニメコンテンツを総合芸術として認識した上で，コンテンツ産業と観光産業という，すそ野の広い2つの分野が重なり合う部分の可能性を探る研究・教育・実践の蓄積が望まれる。言い方を換えれば，「アニメ」と「観光」の多様な連携の可能性を，領域横断的に考えていくことが重要となる。領域を跨いだ視野の広い問題意識は，観光以外の分野に対しても有効な知見や手がかりをもたらすはずである。

（山村・大谷）

❺ 長期的なブランド評価と新しいビジネスモデル

いわゆる「アニメ聖地巡礼」そのものの経済効果は，実はそれほど大きくない。また作品に依拠した展開だけでは，その集客効果も長続きしない。作品単体でのライセンス収入など事業の成否が問われる製作者と，年度単位で予算のパフォーマンスが求められる地域（自治体）にとって，盛り上がりはあったものの，継続的な投資に値しないと判断される可能

性が高いことは否定出来ない。

　この状況を打破するには，アニメコンテンツとそこから生まれるファンの来訪行動が，アニメIP（Intellectual Property：知的財産）と地域のブランド価値に対して将来にわたってどのように貢献するのかを推し量る指標が必要となる。

　また，アニメコンテンツそのもののライフサイクルが永続的なものでないことを地域は理解し，ファンのアニメコンテンツに対するグッドウィル（好意）を地域ブランドそのものに転化する取り組みを並行して行うべきである。

（松本）

❻ プロデューサー的人材の育成

　アニメに限らず，映画，音楽，テレビなど，コンテンツ産業においては，クリエイター（制作者）と並んで，プロデューサーが非常に大きな役割を果たす。プロデューサーとは，一言で言えば，事業全体を俯瞰して，経営資源（ヒト，モノ，カネ，情報）を動員する存在である。コンテンツ産業が転換期を迎えている現在，新たな視点から事業を見直すことができるプロデューサーが必要とされている。

　他方で，こうした能力を備えたプロデューサー的人材は，コンテンツ製作者のみならず，地域社会にも求められている。作品の評価，ファンの満足度，地域の魅力がともに高まる「三方良し」こそが，コンテンツツーリズムの目指すべき姿である。それを実現するために，地域資源を動員，調整できる人材が求められている。

　地域社会のプロデューサーがその能力を発揮する分野は，アニメコンテンツとのコラボレーションのみにとどまらない。知的財産とマネジメントを熟知した人材は，地域ブランディングやシティプロモーションなど，地域の価値創造にも大きく寄与するはずである。

（松本・大谷）

❼ コンテンツ製作者のコミットメントが生む強固で持続的なトライアングル

　ここまで，山村による「アニメツーリズムのためのトライアングルモデル」を念頭において議論を進めてきた。第7章の議論を通じて明らかになったことは，コンテンツ製作者（原作者，声優，プロデューサー，監督等）のコミットメントがトライアングルをより強固で持続性の高いものにするということである。

　そのための1つの条件は，コンテンツ製作者に地域のファンになってもらうことである。コンテンツ製作者とファンがともに作品の舞台地に愛着をもつ。それにより，コンテンツを提供する側と消費する側という一方的な関係ではなく，同じ場所を介して体験を共有する関係となる。他方，作品の舞台地である地域社会も，アニメ作品をきっかけとした新たな出会いを通じて価値観の変化を経験する。

　こうした変化を経て，作品の評価，ファンの満足度，地域の魅力がともに高まる「三方良し」の状態に達した地域こそが，「アニメ聖地」と呼ばれるにふさわしい。

（山村・大谷）

参考文献
(欧文はアルファベット順,和文は50音順)

Beeton, S., T. Yamamura and P. Seaton [2013] The Mediatization of Culture: Japanese Contents Tourism and Pop Culture, in Jo-Anne and Caroline Scarles (eds.) *Mediating the Tourist Experience: From Brochures to Virtual Encounters*, pp.139-154, Surrey: Ashgate Publishing, Limited.

Beeton, S. [2005] *Film-Induced Tourism*, Clevedon: Channel View Publications.

Beeton, S. [2016] *Film-Induced Tourism 2nd edition*. Bristol, UK: Channel View Publications.

Seaton, P., T. Yamamura, A. Sugawa-Shimada and K. Jang [2017] *Contents Tourism in Japan: Pilgrimages to "Sacred Sites" of Popular Culture*, New York: Cambria press.

青木幸弘 [2004]「地域のブランド化を推進し地域の活性化を図る」『かんぽ資金』第314号, pp.20-25。

アーカー, デービッド・A. [2014]『ブランド論:無形の差別化をつくる20の基本原則』(阿久津聡訳) ダイヤモンド社。

アーリ, ジョン [1995]『観光のまなざし:現代社会におけるレジャーと旅行 (りぶらりあ選書)』(加太宏邦訳) 法政大学出版会。

飯島正治監修, 山田由美編集 [2008]『日本の龍勢&世界のバンブーロケット』野外調査研究所・吉田龍勢保存会。

石井淳蔵 [2011]『ビジネス・インサイト』岩波新書。

石坂 愛・卯田卓矢・益田理広・甲斐宗一郎・周 宇放・関 拓也・菅野 緑・根本拓真・松井圭介 [2016]「茨城県大洗町における『ガールズ&パンツァー』がもたらす社会的・経済的変化:曲がり松商店街と大貫商店街を事例に」『地域研究年報』第38号, pp.61-89。

大洗町 [2012]『されど, われらの海:東日本大震災 大洗町の記録』大洗町。

大洗町商工観光課 [2015]「アニメ『ガールズ&パンツァー』と大洗町の軌跡:まちおこしではなく, 町全体を舞台としたまち遊び」『町村週報』第2930号, pp.5-8。

大谷尚之 [2013]「アニメ作品を活用した地域振興における作品関連の取り組みの受容:埼玉県鷲宮を事例として―」『日本都市学会年報』第46号, pp.87-96。

大谷尚之 [2014]「地域ブランドづくりとB級ご当地グルメ:栃木県宇都宮市」, 守友裕一・大谷尚之・神代英昭編著『福島 農からの日本再生:内発的地域づくりの展開 (シリーズ地域の再生6)』農山漁村文化協会, pp.285-305。

大谷尚之 [2017]「アニメコンテンツをめぐる製作者・ファン・地域の関係構築に

関する一考察：茨城県大洗町を事例として」『日本都市学会年報』第50号，pp.125-134。

岡田麿里［2017］『学校へ行けなかった私が「あの花」「ここさけ」を書くまで』文藝春秋。

岡野大和・柿崎俊道［2016］「鴨川に「輪廻のラグランジェ」制作資料を移設！アニメの歴史が動いた最速対談!!」『聖地会議 総集編Ⅰ』聖地会議, pp.137-161。

岡本慶一［2004］「ブランドと経験価値「経験」を中核としたブランド・デザイニング」, 青木幸弘・恩蔵直人編『製品・ブランド戦略』有斐閣, pp.199-226。

岡本健［2013］『n次創作観光 アニメ聖地巡礼／コンテンツツーリズム／観光社会学の可能性』NPO法人北海道冒険芸術出版。

岡本憲明［2010］「「クール・ジャパン」から「クール・ローカル」へ：ポップカルチャーを地域振興に生かす」『日経グローカル』第141号, pp.8-17。

岡本亮輔［2015］『聖地巡礼：世界遺産からアニメの舞台まで』中公新書。

小高尚子［2000］「ミレニアムは教会通いがトレンディ：劇場型社会と経験経済」『現代のエスプリ』第400号, pp.38-47。

柿崎俊道［2005］『聖地巡礼：アニメ・マンガ12ヶ所めぐり』キルタイムコミュニケーション。

柿崎俊道［2013］「コンテンツツーリズムの現在とこれから」『オトナアニメ』第31巻, pp.124-129。

神山裕之・木ノ下健［2014］「地域におけるコンテンツ主導型観光の現状と今後の展望―大洗の「ガルパン」聖地巡礼に見る成功モデル」『NRIパブリックマネジメントレビュー』第131巻, pp.1-7。

ガルパン取材班［2014］『ガルパンの秘密：美少女戦車アニメのファンはなぜ大洗に集うのか』廣済堂新書。

河井孝仁［2013］「アニメコンテンツは地域を豊かにできるか」『アニメビジエンス』第2号, pp.26-27。

木村誠［2007］「コンテンツビジネスの基本モデル：その基本的な収益構造」, 長谷川文雄・福富忠和編『コンテンツ学（SEKAISHISO SEMINAR）』世界思想社, pp.124-142。

久喜市商工会鷲宮支所［2017］「鷲宮におけるまちおこしの経緯」。

経済産業省商務情報政策局メディア・コンテンツ課［2012］『コンテンツ産業の現状と今後の発展の方向性』。

国土交通省・経済産業省・文化庁［2005］『映像等コンテンツの制作・活用による地域振興のあり方に関する調査報告書』。

小林哲［2016］『地域ブランディングの論理：食文化資源を活用した地域多様性の創出』有斐閣。

埼玉県産業労働部観光課［2011］『アニメで地域はもっと元気になれる！ アニメ

を活用したまちおこし活動事例集』。

杉山潔・常磐良彦［2016］「ガールズ＆パンツァー劇場版×大洗　杉山潔×常磐良彦対談」『ガルパンアルティメットガイド劇場版＆アンツィオ戦 OVA』廣済堂出版，pp.46-51。

西武鉄道株式会社鉄道本部運輸部スマイル＆スマイル室［2017］「西武鉄道のアニメ連携とインバウンド連動の可能性」（第 7 期アニメビジネス・パートナーズフォーラム発表資料）。

田中章雄［2012］『地域ブランド進化論：資源を生かし地域力を高めるブランド戦略の体系と事例』繊研新聞社。

秩父市産業観光部観光課［2017］「アニメを活用した地域・観光振興を目指して！：『あの花』＆『ここさけ』との出会い」（説明資料）。

津堅信之［2011］「アニメとは何か」高橋光輝・津堅信之編著『アニメ学』NTT 出版，pp.3-23。

一般社団法人日本動画協会［2016］『アニメ産業レポート 2016』一般社団法人日本動画協会。

一般社団法人日本動画協会［2017］『アニメ産業レポート 2017』一般社団法人日本動画協会。

野田政成［2016］「アニメと鉄道のコラボによる社会貢献活動および観光と地域振興」『JREA』第 59 巻第 1 号，pp.51-55。

B・J・パインⅡ＆J・H・ギルモア著，岡本慶二・小髙尚子訳［2005］『［新訳］経験経済：脱コモディティ化のマーケティング戦略』ダイヤモンド社。

長谷川文雄・水鳥川和夫編著［2005］『コンテンツビジネスが地域を変える』NTT 出版。

浜野保樹［2003］『表現のビジネス：コンテント制作論』東京大学出版会。

ヒューマンメディア［2018］『日本と世界のメディア×コンテンツ市場データベース Vol.11（2018）～特集：2010 年代市場総括・2020 年予測～』ヒューマンメディア。

福田敏彦［1990］『物語マーケティング』竹内書店新社。

増淵敏之［2009］「コンテンツツーリズムとその現状」『地域イノベーション』第 1 号，pp.33-40。

増淵敏之［2010］『物語を旅するひとびと：コンテンツ・ツーリズムとは何か』彩流社。

まつもとあつし［2014］「クラウド化するコンテンツ：価値創出のメカニズム」一般財団法人デジタルコンテンツ協会編『デジタルコンテンツ白書 2014』一般財団法人デジタルコンテンツ協会，pp.10-18。

山村高淑［2008］「アニメ聖地の成立とその展開に関する研究：アニメ作品「らき☆すた」による埼玉県鷲宮町の旅客誘致に関する一考察」『国際広報メディア・

観光学ジャーナル』第 7 号，pp.145-164。
山村高淑［2011］『アニメ・マンガで地域振興：まちのファンを生むコンテンツツーリズム開発法』東京法令出版。
山村高淑［2014］「アニメと地域がタイアップする意義と可能性：系譜からその"本質"を探る」『CharaBiz DATA 2014』キャラクター・データバンク，pp.26-31。
山村高淑［2015］「コンテンツツーリズムと日本の政策」，岡本健編『コンテンツツーリズム研究』福村出版，pp.68-71。
山村高淑［2017］「コンテンツツーリズムによるインバウンド誘致：国の施策と地域が考えるべき基本的課題について」『都市問題』第 108 巻第 1 号，pp.38-42。
山村高淑［2018］『普及版 アニメ・マンガで地域振興：まちのファンを生むコンテンツツーリズム開発法』PARUBOOKS。
和田充夫［2002］『ブランド価値共創』同文舘出版。

[web サイト]（初出順）

奈藏佐保子［2012］「日本のマンガ・アニメを京都から世界へ発信！」(http://www.accumu.jp/vol21/京まふ/日本のマンガ・アニメを%20京都から世界へ発信！.html，2018 年 1 月 22 日閲覧)

「美濃加茂市，萌えキャラのポスターをセクハラ批判で撤去 ネットの反応は？」(http://www.huffingtonpost.jp/2015/11/30/minokamo-nourin_n_8685222.html，2018 年 1 月 22 日閲覧)

江端康行［2004］「在サマーワ連絡事務所より サマーワ『キャプテン翼』大作戦―給水車が配る夢と希望―」外務省公式ホームページ．（http://www.mofa.go.jp/mofaj/area/iraq/renraku_j_0412a.html，2017 年 12 月 1 日閲覧)

外務省ポップカルチャー専門部会［2006］「『ポップカルチャーの文化外交における活用』に関する報告」，外務省ホームページ，2006 年 11 月 9 日．（http://www.mofa.go.jp/mofaj/annai/shingikai/koryu/h18_sokai/05hokoku.html，2012 年 12 月 11 日閲覧)

経済産業省［2004］「内閣府知的財産戦略本部コンテンツ専門調査会・第 1 回日本ブランド・ワーキンググループ・経済産業省説明資料」（2004 年 11 月 24 日）．（http://www.kantei.go.jp/jp/singi/titeki2/tyousakai/contents/brand1/1siryou5.pdf，2018 年 3 月 12 日閲覧)

NHK クローズアップ現代「アニメを旅する若者たち "聖地巡礼"の舞台裏」（2012 年 3 月 7 日放送）(http://www.nhk.or.jp/gendai/articles/3171/1.html，2016 年 9 月 18 日閲覧)

まつもとあつし［2016］「まつもとあつしの『メディア維新を行く』[第 55 回] ガルパン杉山 P『アニメにはまちおこしの力なんてない』」『ASCII.jp』(http://

ascii.jp/elem/000/001/173/1173185/，2018 年 3 月 12 日閲覧）
聖地巡礼マップ「〜都道府県別〜 アニメ聖地数ランキング 2016」（ディップ株式会社提供）（https://seichimap.jp/contents/2016/11/spot-ranking2016.html，2018 年 3 月 12 日閲覧）
「オタクが集まる鷲宮神社」（2007 年 7 月 19 日）『我ら久喜市民の HP』（http://kuki-shimin.com/ archives/219，2008 年 6 月 6 日閲覧）。
茨城県商工労働部観光物産課［2016］「平成 26 年観光客動態調査報告」（http://www.pref.ibaraki.jp/shokorodo/kanbutsu/kikaku/documents/teisei-h26-kannkoudoutai.pdf，2016 年 8 月 15 日閲覧）
茨城県企画部統計課［2016］「茨城県社会生活統計指標―平成 28 年 5 月―」（http://www.pref.ibaraki.jp/kikaku/tokei/fukyu/tokei/tokeisyo/seikatsu28/index.html，2016 年 9 月 18 日閲覧）
GIRLS und PANZER Film Projekt, GIRLS und PANZER projekt「ガールズ＆パンツァー公式サイト」（http://girls-und-panzer.jp/intro.html，2016 年 8 月 26 日閲覧）

［新聞記事］（初出順）

「アニメ聖地 88 ヵ所選定」『日経 MJ』2017 年 8 月 30 日。
「アニメ『ロケ地』5000 ヶ所「君の名は。」に続け 聖地になる条件」『日経 MJ』2016 年 11 月 9 日。
「『らき☆すた』で集客アップ 素晴らしい町おこしに」『東京新聞』2008 年 4 月 30 日（埼玉版）。
「まちおこし仕掛人対談 鷲宮 vs 秩父 アニメ聖地徹底検証」『埼玉新聞』2011 年 12 月 31 日。
「生みの親・美水かがみ氏が語る 愛娘 鷲宮町の顔に」『埼玉新聞』2009 年 1 月 1 日。
「人気アニメで町おこしをする 斎藤勝・鷲宮町商工会長 若手の提案，花開かせる」『毎日新聞』2008 年 5 月 1 日（埼玉版）。
「『ガルパン』の舞台・アニメの聖地 茨城・大洗，ファン巡礼，若者も移住，雇用支援へ［北関東フォーカス］」『日本経済新聞』2016 年 9 月 10 日（北関東版）。

インタビューリスト
(第4章～第6章)

本文中の略称：取材協力者（取材時の所属），取材者，取材日

【第4章】
鷲宮①：松本真治氏（鷲宮町商工会），山村高淑，2008年5月30日
鷲宮②：松本真治氏（鷲宮商工会），大谷尚之，2011年10月19日
鷲宮③：島田吉則氏（島田菓子舗），大谷尚之，2012年2月1日
鷲宮④：松本真治氏（鷲宮商工会），大谷尚之，2012年2月2日
鷲宮⑤：橋本浩佑氏（埼玉新聞社），大谷尚之，2012年9月19日
鷲宮⑥：松本真治氏（久喜市商工会鷲宮支所），大谷尚之，2015年8月28日
鷲宮⑦：松本真治氏（久喜市商工会鷲宮支所），大谷尚之，2017年10月6日

【第5章】
秩父①：中島学氏（秩父市観光課），大谷尚之，2016年9月21日
秩父②：野田政成氏（西武鉄道），大谷尚之，2017年8月31日
秩父③：中島学氏（秩父市観光課），大谷尚之，2017年9月1日
秩父④：斎藤俊輔氏（アニプレックス），大谷尚之，2017年9月27日
秩父⑤：原靖子氏（道の駅龍勢会館），大谷尚之，2018年1月27日

【第6章】
大洗①：平沼健一氏（大洗町商工観光課），大谷尚之，2015年9月18日
大洗②：大里明氏（肴屋本店），大谷尚之，2016年3月2日
大洗③：杉山潔氏（バンダイビジュアル），大谷尚之・松本淳，2016年4月25日
大洗④：大里明氏（肴屋本店）・鬼澤保之氏（大洗観光協会）・平沼健一氏（大洗町商工観光課），大谷尚之，2016年12月16日
大洗⑤：江沼宏章氏（大洗町商工観光課），大谷尚之，2017年12月21日
大洗⑥：杉山潔氏（バンダイビジュアル），大谷尚之，2018年2月20日

索 引

あ

アニメ聖地 ····· i, 32, 38-40, 49, 65, 117, 121, 122, 150
アニメ聖地巡礼 ······ i, iv, 29, 33, 39, 40, 49, 65, 125, 127, 133, 134, 146, 148
「アニメ聖地88」···· 120, 130, 135, 136
アニメツーリズム ···· i-iv, vi, 33, 36-40, 42, 44-46, 61, 81, 98, 99, 122, 146, 147, 148
アニメツーリズム研究 ·················· 42

インバウンド ······· i, 30, 31, 33, 43, 122

ウィンドウ・ウィングモデル ····· 5, 6, 8, 9, 21

か

カジュアル（な）ファン ········ 32, 35, 108
観光資源 ···················· 28, 29, 84, 112

共創 ································· 53

偶有性 ······························ 81
クールジャパン政策 ···· 18, 30, 31, 32, 135
クールジャパン戦略 ·········· 31, 33
グッドウィルモデル ·················· 21

経験 ····· 52, 53, 55, 60, 61, 80, 92, 150
経験価値 ·········· 46, 51-55, 60, 61, 111
現実世界 ··········· 61, 98, 117, 119, 147

コア（な）ファン ············· 31, 35, 129

交流 ····· 11, 17, 56, 73, 75, 77, 117, 127, 145, 147
交流人口 ························ 45, 136
コミケ ···························· 34, 35
コミットメント ·········· 11-13, 145, 150
コミュニケーション ····· 23, 61, 69, 78, 81-83, 108, 110, 111, 128-130, 147
コモディティ ························ 50, 51
コモディティ化 ············ 11-13, 46, 47
コンテンツツーリズム ····· 2, 26, 28, 33, 36, 39-45, 120, 128, 134, 138, 149
コンテンツツーリズム研究 ······· iii, 38, 41-44

さ

作品世界 ······················· 98, 111, 147
三方良し ········ i, ii, vi, 87, 144, 146, 149, 150

シティプロモーション ·········· 139, 149
宗教的聖地 ························ 39, 40
巡礼者 ······························ 16, 22, 40
真正性 ································· 36

製作委員会 ····· iii, v, 2-8, 55, 64, 70, 77, 112
聖地 ····· 6, 11, 12, 17, 18, 24, 27, 31, 32, 40, 41, 55, 58, 60, 119, 126, 129, 136
聖地巡礼 ······· 19, 20, 31, 39, 40, 58, 69, 122, 130, 131

た

体験 ····· 11, 12, 53, 55, 57, 60, 75, 147, 150

地域イメージ 48, 49, 54, 56, 57, 58, 60
地域資源 36, 47-49, 52, 56, 57, 61, 63, 99, 121, 123, 127, 128, 135, 138
地域ブランディング ... 46, 58, 61, 141, 149
地域ブランド ... ii, iii, 23, 24, 36, 46-49, 55, 61, 149
地域魅力創造サイクル 16, 18, 123
著作権 .... i, 2, 73, 77, 113, 139, 140

トライアングルモデル ...... ii, iii, vi, 37, 40, 144, 150

な

2.5 次元 12, 144

は

版権 2, 4, 19, 92, 93, 94, 137, 138

ビジネスモデル 9, 143, 145, 148

ファンコミュニティ 15, 38
フィルムツーリズム 41
ブランディング 47, 59, 60, 123, 139
ブランド 21-23, 35, 47, 49-52, 54, 55, 59
ブランド化 48, 49, 52, 121

ブランド価値 23, 50, 134-136, 149
ブランドロイヤルティ 35, 128
プロダクトプレイスメント 89

ポップカルチャー ... 25-27, 29, 31, 34, 41, 43, 44, 46, 74, 121

ま

まちおこし 77, 107, 122, 126, 133, 137
マナー 70, 81, 90, 107, 108, 130
まなざし 124, 145, 147, 148

メディア・ミックス 43

物語 7, 28, 43, 54, 57, 60, 61, 63, 86, 101, 124-128, 134
物語性 28, 127
物語世界 36, 61, 128

ら

ライフサイクル 8, 13, 16-18, 22, 124, 132, 149

リアリティ 89, 91, 126, 127, 147

ロイヤリティ 2, 13, 19, 102, 138
ロイヤルティ 8, 22, 23, 35

著者略歴 (50音順)

大谷尚之（おおたに・なおゆき）
▶本書の構成，第3章，第4章，第5章，第6章，第7章，終章

宮城学院女子大学現代ビジネス学部教授

1973年，宮城県生まれ。慶應義塾大学環境情報学部卒業，東北大学大学院農学研究科博士前期課程修了。博士（経営学）。専門は地域産業論。主著として，『産地組織のマネジメント―「コミュニティ」と「リーダー」が創り出す新たな地域農業―』（東北大学出版会，2009年，単著），『福島 農からの日本再生―内発的地域づくりの展開―』（農山漁村文化協会，2014年，共編著）など。

松本　淳（まつもと・あつし）
▶第1章，第7章，終章

ジャーナリスト，コンテンツプロデューサー，研究者（専修大学文学部ジャーナリズム学科特任教授）

コンテンツビジネスにおける実務経験を活かしながら，デジタルテクノロジーやアニメなどポップカルチャーコンテンツのトレンドについてビジネスの視点から取材・執筆（筆名：まつもとあつし）。並行して東京大学大学院情報学環社会情報学コース（博士後期課程）において研究を進めている。主著として，『ソーシャルゲームのすごい仕組み』（アスキー新書，2012年，単著），『コンテンツビジネス・デジタルシフト』（NTT出版，2012年，単著）など。

山村高淑（やまむら・たかよし）
▶第2章，第4章，第7章，終章

北海道大学観光学高等研究センター教授

1971年，静岡県生まれ。北海道大学農学部卒業，民間企業勤務，北京大学留学を経て，東京大学大学院工学系研究科博士後期課程修了。博士（工学）。専門は観光開発論，コンテンツツーリズム論。主著として，『アニメ・マンガで地域振興～まちのファンを生むコンテンツツーリズム開発法～』（東京法令出版，2011年，単著），Contents Tourism in Japan：Pilgrimages to "Sacred Sites" of Popular Culture（Cambria press，2017年，共著）など。

平成 30 年 10 月 1 日	初版発行	
令和 6 年 6 月 25 日	初版 3 刷発行	略称：コンテンツ地域

コンテンツが拓く地域の可能性
―コンテンツ製作者・地域社会・ファンの三方良しを
かなえるアニメ聖地巡礼―

著 者　大 谷 尚 之
　Ⓒ　松 本 　 淳
　　　山 村 高 淑

発行者　中 島 豊 彦

発行所　**同 文 舘 出 版 株 式 会 社**
東京都千代田区神田神保町 1-41　〒 101-0051
営業 (03) 3294-1801　　編集 (03) 3294-1803
振替 00100-8-42935　https://www.dobunkan.co.jp

Printed in Japan 2018　　　　　　DTP：マーリンクレイン
印刷・製本：DPS
ISBN978-4-495-39021-1

JCOPY 〈出版者著作権管理機構 委託出版物〉
本書の無断複製は著作権法上での例外を除き禁じられています。複製される場合は，そのつど事前に，出版者著作権管理機構（電話 03-5244-5088, FAX 03-5244-5089, e-mail: info@jcopy.or.jp）の許諾を得てください。